경제야 다시 놀자

굿앤굿이 제안하는 재무의 정석

경제야 다시 놀자

정현경 외 7인 지음

한솜미디어

| 머리말 |

꿈은 이루어진다!

누구에게나 사는 동안 세무, 법률, 노무, 금융 등에 관한 다양한 문제들이 발생한다. 이러한 문제들을 한곳에서 해결할 수 있는 시스템을 만들기 위해 굿포럼 멤버들이 모여 지식을 쌓고 시행착오와 수많은 경험을 축적하며 'GOOD-TNS' 시스템을 구축하고 있다.

2016년은 예측치 못했던 큰 사건들이 많았던 한 해였다. 세계 경제의 한 축을 담당하던 EU는 그리스 문제로 진통을 겪다 결국 영국이 탈퇴하는 브렉시트를 초래했고, 미국은 많은 사람들의 예상과 달리 트럼프가 당선되며 FTA 재협상과 반덤핑 수입 규제 등 보호무역주의 문제를 대두시켰다. 가뜩이나 중국과 일본 사이에서 어려움을 겪고 있는 한국의 입장에선 걱정거리만 더 늘어나게 되었다.

이런 변화와 동시에 세계 금융시장을 포함해 국내 금융시장에도 많은 변화가 예상된다. 미국의 정책금리 속도 변화에 따라 국내 금리 인상 속도 역시 가속화될 수 있고, 주요국의 환율 변화로 국내 수출입 경기 및 투자에도 많은 변수가 발생할 수 있다.

2007년 우리는 미국의 금융 위기를 겪으면서 세계 금융시스템이 얼마나 긴밀하게 엮여 있는지 또 그 영향력이 얼마나 큰지 경험한 바 있다. 10년이 지난 지금 많은 제도적 안전장치들이 생겼지만 어쩌면 그때보다 현재 금융시장이 더욱 복잡하고 깊이 연결되어 있을지도 모른다.

단적인 예로 중국의 경제성장 둔화가 수면 위로 떠오를 때마다 전 세계가 긴장하고 있다. 미국이나 유럽 등 선진국의 위기가 세계 경제의 위기로 인식되었던 과거와 달리 중국이 급부상하며 G2가 되었기 때문이다. 여기에 미국을 견제할 줄 알았던 EU의 브렉시트 문제와 최근 중국과의 사드 문제 등 이전보다 더욱 복잡한 문제들이 언제 촉매가 될지 알 수 없는 상황이다.

금융시장이 세계화·전문화될수록 개인의 금융 지식만으로는 급변하는 금융시장에 대응하기가 점점 더 어려워지고 있다. 이미 금융 선진국에서는 재무 설계가 개인의 범주를 벗어나 전문가의 조언을 필요로 하는 단계에 이르렀고 지금도 계속 세분화·전문화되고 있다. 국내에서는 재무 설계가 아직은 전문가의 지적재산권이 아닌 서비스 수준에 머물러 있지만 이 역시 시간의 문제일 뿐 점차 세계적인 추세를 따르게 될 것이다.

(주)굿앤굿은 시대 변화의 흐름을 보다 앞서 인지하고 실행하고 있다. 현재 국내에는 종합재무설계 전반을 아우르는 회사가 없다. 세무, 법률, 노무, 부동산, 은행, 증권, 보험 등 각 분야에서 전문적인 회사는 많지만 한곳에서 세무, 법률, 노무, 부동산, 투자, 은퇴, 상속 등 개인 재무 전반을 속 시원하게 상담해 주는 곳은 없다. 굿앤굿은 이런 취지를 바탕으로 설립되었으며 소규모이지만 꾸준히 성장하고 있다.

종합재무설계에 대해 잘 모르는 사람도 많고 알고 있더라도 정확하게 모르기 때문에 거리감을 느끼는 사람들이 대부분이다. 굿포럼 멤버들은 각 분야별 지식을 보다 많은 사람들에게 알려 주기 위해 충청일보에 기고를 시작했다. 그리고 더 많은 사람들에게 종합재무설계를 알리기 위해 각각의 기사 중에서 핵심적인 것을 선별하여 기존에 알고 있던 경제지식의 관점이 아닌 변화되는 시대에 맞추어진 내용들로 꾸며 『굿앤굿 경제야 다

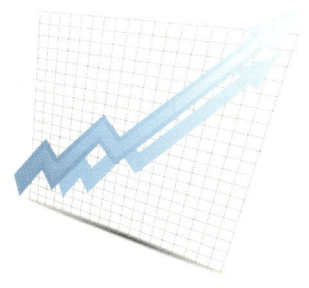

시 놀자』를 출간하게 되었다. 이 책의 출간으로 굿포럼 멤버들이 바라던 대로 많은 사람들이 종합재무설계의 도움을 받아 경제적으로 풍요로워지기를 희망한다.

 굿앤굿이 목표에 공감하여 함께 힘써준 굿포럼 멤버 정현경 CFP, 차재영 세무사, 박승기 변호사, 설은주 변호사, 한정봉 노무사, 이준호 PB, 최현진 투자자산운용사, 박지훈 손해사정사님과 도서출판 한솜미디어 대표님과 전 직원에게 감사드리며 그 밖에도 책의 발간에 도움을 주신 모든 분께 감사드린다.

㈜굿앤굿 대표 박상만

| 차 례 |

머리말 / 4

재무 설계 _ 정현경 국제공인재무설계사 CFP.
- 꿈의 사다리를 만드는 재무 주치의 ········· 12
- 재무 설계로 풀어보는 올바른 저축과 투자 ········· 14
- 용돈으로 시작하는 재무 설계 ········· 18
- 재무 설계로 풀어보는 대출의 지렛대 효과 ········· 22
- 소득에 적정한 보험 설계로 목적자금 달성 ········· 27

세무 설계 _ 차재영 세무사
- 인건비와 4대 보험 관리 ········· 34
- 지출증빙서류 잘 챙기는 것이 절세의 지름길 ········· 41
- 퇴직금 관리와 지급 ········· 48
- 원천징수란 무엇인가? ········· 55

생활법률 I _ 박승기 변호사
- 깡통주택과 주택 임차인의 보증금 보호 ········· 64
- 도시계획지역에 대한 투자와 유의점 ········· 68
- 영업 승계와 행정처분의 승계 문제 ········· 71
- 상호권·상표권 침해와 대응방법 ········· 74
- 부동산 명의신탁의 제 문제에 대한 소고 ········· 77

생활법률 II _ 설은주 변호사
- 도산 위기 탈출과 개인회생 ········· 84
- 투자와 대여, 그리고 동업의 난해함과 법률적 차이 ········· 88
- 미등기전매의 위험성 ········· 92
- 이혼과 경제적 문제점 ········· 96

- 신탁을 통한 자산관리 및 유언 효과 ·················· 102

보험 & 보상 _ **박지훈** 손해사정사

- 소멸시효 및 후유장해 진단금 사례 ················ 108
- 렌트 차량 사고도 차주의 자동차보험에서 보장 가능해 ··· 115
- 음주운전 사고 보상 사례 ························ 117
- 일상생활배상책임 : 주택의 누수 사례 ············· 121

주식투자 Ⅰ _ **최현진** 투자자산운용사

- 저금리 시대의 대안 ····························· 132
- 잃지 않는 투자 ································· 136
- 주식투자의 첫걸음, 주식투자 지표 바로 알기 ······· 141
- 거시지표 바로 알기 ····························· 145
- 주식투자의 기본적 분석과 기술적 분석 ············ 149

주식투자 Ⅱ _ **이준호** 유안타증권 PB

- 이제는 주식도 임대사업하는 시대! ················ 156
- 해외주식 비과세 펀드계좌로 운영하자 ············· 160
- 시장의 HOT 이슈 ISA ··························· 164
- 대체 투자! 연금저축 이동제도 ···················· 168

노무 일반 _ **한정봉** 공인노무사

- 노무분쟁 예방의 첫걸음, 올바른 근로계약서 작성법 ··· 174
- 기업 도산 시 임금 채권 확보 방법 ················ 181
- 최저임금 인상에 대비한 최저임금 위반 여부 판단 ··· 186
- 까다로운 일용직·아르바이트 노무관리 ············ 192

꿈의 사다리를 만드는 재무 주치의

재무 설계 서비스를 받고자 할 때 고객이 겪는 어려움은 좋은 전문가를 찾는 일이다. 금융업에 종사하는 수많은 사람들은 고객에게 다양한 명칭과 자격증을 내세우면서 전문가라 자칭한다. 고객의 입장에서 볼 때 어떤 자격자가 무슨 업무를 수행하며 어떠한 전문자격을 갖추고 있는지 분간하기 어렵다. 또한 어떠한 서비스를 기대할 수 있는지도 궁금하다.

수많은 금융자격증 중에서 세계적 인지도뿐 아니라 기타 재무 설계사들과 차별성을 앞세우는 CFP(Certified Financial Planner, 국제공인재무설계사)라는 자격증이 있다.

(주)굿앤굿 정현경 본부장을 만나 CFP에 대한 이야기를 들어보았다.

문 국제공인재무설계사(CFP)란?

답 재무 설계사를 지칭하는 전문자격증이다. 이 자격증은 미국의 CFP 위원회(CFP Board)를 비롯하여 CFP를 담당하는 국제 FPSB 소속 25개국의 기관들이 부여한다.

문 CFP를 취득하는 과정은 어떠한가?

답 CFP 자격을 취득하기 위해서는 특수한 방법을 포함하여 여러 가지 방법이 있다. 일반적으로는 AFPK(국내공인재무 설계사) 교육과 시험을 합격한 후 보험과 종업원복지, 투자, 세금, 은퇴, 상속설계를 포함한 다양한 재무 설계 핵심분야에 대한 전문 지식의 교육과정을 통하여 익혀야 하며 이틀간 시행되는 8시간에 걸친 자격시험에 합격해야 한다.

CFP 교육과시험을 통과한 후 자격증 인증을 받기 위해서는 최소한 3년간의 실무경력을 보유하고 윤리규정준수서약을 통과해야 한다.

문 CFP 교육과정에 있어서 가장 중요한 점은?

답 윤리적 가치와 평생교육이다. 자격보유자들은 지속적으로 자격을 유지하기 위해서 2년마다 자격수수료를 지불하고 30시간의 교육(윤리정보 2시간 포함)을 이수하여야 한다.

자격보유자는 CFP 위원회의 윤리강령 및 책임규정과 재무 설계 표준관행을 따라야 하며 규정을 어길 시에는 자격박탈 등의 조치가 있다.

문 재무 설계사와 보험 설계사의 차이점은 무엇인가?

답 대부분의 고객들은 재무 설계사를 보험 설계사로 인식하고 있다. 재무 설계는 종합적으로 처방하는 종합병원, 보험 설계는 한 분야만 처방하는 개인병원으로 보면 된다. 설명하자면 보험 설계사는 보험계약 체결을 중개하는 사람으로서 보험업법의 규정에 따라 보험회사에 등록된 사람이다. 재무 설계사는 개인의 인생 목표를 달성할 수 있도록 재무관리를 계획하고 실행을 도와주는 재무 주치의인 셈이다.

재무 설계로 풀어보는 올바른 저축과 투자

스물 일곱의 미혼 여성 김월세 씨는 중소기업에 다니고 있다. 자취하고 있는 탓에 월급 165만 원 중 50만 원이 월세로 나간다. 월세 때문에 저축도 못하고 늘 마음에 여유가 없다. 아무리 열심히 일해도 매월 나가는 월세에 지친 김월세 씨는 결국 재무 설계 상담을 요청했다.

월세에서 전세를 뛰어넘어 재무 설계로 내 집 마련을 향해 가는 꿈!

STEP 1 돈을 부르는 것은 꿈이다

'꿈 : 내 집 마련'

아무리 열심히 일해도 늘 제자리걸음만 하는 사람이 비단 김월세 씨뿐은 아닐 것이다. 대부분의 사람들은 돈을 모으고 싶어 한다. 그러나 모으고 싶은 마음만으로는 제자리걸음을 벗어날 수 없다. 돈을 모으고 싶다면 가장 먼저 꿈을 설정해야 한다. 그래야 목표를 잡을 수 있고 목표를 통해 꿈을 구체화시켜 실천할 수 있기 때문이다.

꿈은 자신만의 기쁨을 충족시킬 수 있는 방향으로 연결되어야 한다. 돈을 모으고 싶었던 김월세 씨의 두루뭉술하던 꿈은 재무 설계를 통해 명확해졌다. 계획 없는 생활과 목적 없는 저축에서 재무 설계로 월세의 벽을 넘어 멀게만 느껴졌던 내 집 마련을 향한 길을 볼 수 있게 된 것이다.

STEP 2 목표가 없으면 계획을 잡을 수 없다

'목표 : 월세 탈출, 전세를 향하여!'

꿈을 명확하게 했다면 다음은 꿈을 달성하기 위해 단계적인 목표를 설정해야 한다. 해외여행을 떠날 때 우선 가고 싶은 나라를 정하고 세세한 일정뿐 아니라 여행경비에 맞춰 비행기와 호텔을 결정하는 것처럼 목표 설정은 단계적이며 구체적이어야 한다.

저축과 투자를 위한 목표도 이와 다르지 않다. 목표를 정하고 달성하기 위해 구체적으로 계획을 세운다. 실천을 통하여 열심히 노력했을 경우 얼마 만에 실현 가능할지 기간을 설정해야 한다. 기간을 설정하지 않는다면 얼마 지나지 않아 돈이 좀처럼 모이지 않은 것에 조급해지고, 목표를 향한 정열과 신념이 사그라지기 때문이다.

첫 번째 목표는 월세 부담을 줄이기 위해 전세 구입 자금을 마련하는 것으로 설정하였다. 월 급여 165만 원에서 월세 50만 원을 제외하면 115만 원이 남는다. 그중 60만 원을(전세 목적 자금으로 설정) 적금에 불입하기로 하고 나머지 55만 원으로 생활하는 것은 사회인으로서 고통스러운 일이다. 그러나 전세자금 마련이라는 목표와 구체적인 금액 설정. 1년이라는 기간 설정은 실행할 수 있는 힘을 줄 수 있다.

STEP 3 행동하지 않으면 목표는 이루어지지 않는다

'달성 : 전세자금 마련'

목표와 계획은 행동으로 옮겨졌을 때 비로소 생명력을 갖는다. 세밀하게 설계하고 실현 가능하게 계획을 세웠을지라도 행동으로 옮기지 않으면 아무것도 얻을 수 없다.

매월 60만 원씩 적금을 불입하는 것은 쉬운 일이 아니다. 처음에는 힘들었지만 어느 정도 적응기간을 거치면서 그녀는 점차 절약에 대한 아이디어까지 생겼다. 절약하면서 여윳돈은 CMA에 모았다.

1년 후 전세자금을 마련하기 위해 60만 원씩 불입한 적금과 예금 여유자금 1,500만 원과 보증금 2,000만 원 그리고 모자란 5,000만 원은 전세자금대출을 받아 8,500만 원으로 오피스텔 전세를 구입하였다.

버팀목 전세자금 대출	• 은행 : 우리, 국민, 농협, 신한, 하나, 기업 • 대출대상 : 만 19세 이상 세대주(단독세대주 제외) • 대출금리 : 연 2.5~3.1% • 대출한도 : 최고 8,000만 원 이내(수도권 1억 원 이내) • 대출기간 : 2년(4회 2년 단위로 연장 가능. 최장 10년)

STEP 4 목표 수정 : 대출 상환, 내 집 마련

재무 설계 후 1년이 지나 정기점검을 통해서 전세자금 마련 목표 달성을 확인하고 새로운 목표를 세웠다. 인상된 급여 180만 원에 맞추어 목표를 대출상환 목적자금, 내 집 마련 목적자금, 노후 목적자금 3가지로 늘렸다. 재무 설계를 통해 함께 계획을 세우고 실행에 옮겨 또 다른 목표를 향해서 나아가게 된 것이다.

**김월세 씨의
자산현황**

자 산		부 채
월세보증금	2,000만 원	없음
예금	500만 원	
순자산 2,500만 원		

〈재무 설계 1년 후〉

자 산		부 채	
전세보증금	8,500만 원	전세대출금	5,000만 원
순자산 3,500만 원			

**김월세 씨의
현금 흐름**

소 득	지 출	
급여 165만 원	월세	50만 원
	생활비	80만 원
	여유 자금	35만 원

〈재무 설계 후〉

소 득	지 출	
급여 165만 원	월세	50만 원
	생활비	55만 원
	적금(전세마련목적자금)	60만 원

〈재무 설계 1년 후〉

소 득	지 출	
급여 180만 원	전세자금 대출이자	11만4천 원
	생활비	58만6천 원
	보장성 보험	5만 원
	연금(노후 목적자금)	10만 원
	주택청약종합저축	10만 원
	적립식펀드(주택구입 목적자금)	35만 원
	적금(대출상환 목적자금)	50만 원

용돈으로 시작하는 재무 설계

대학교 2학년 기쁨이가 부모님의 금융자산 정기점검을 받는데 함께 사무실을 방문하였다. 목적자금 달성으로 부모님의 행복한 모습을 본 기쁨이. 그 모습이 동기부여가 되어 자신도 용돈을 모아 아이패드를 구입하고자 상담과 함께 재무 설계를 시작했다.

용돈 관리도 재무 설계가 필요할까?

STEP 1 목적이 없으면 돈은 모아지지 않는다

용돈 30만 원으로 10만 원씩 저축이 가능할까?

기쁨이가 돈을 모으고 싶어 하는 목적은 아이패드를 구입하기 위해서다. 매월 부모님께 용돈을 30만 원 받는 기쁨이가 아이패드를 구입하기 위해 용돈을 절약하여 저축할 수 있을지 의문이었다.

대학생활을 하며 친구들과 함께 먹고 싶고 사고 싶은 것도 많겠지만 자신이 정말 갖고 싶은 것을 가지게 되었을 때 가장 가치 있다고 생각해 상담을 진행했다. 아이패드 목적자금을 만들기 위해 용돈 30만 원 중 매월 10

만 원씩 적립식펀드에 가입했다.

| 고객 정보 | 왕기쁨(20) : 대학교 2학년, 용돈 30만 원 |

| 목적자금 | 아이패드 구입 : 매월 10만 원 적립식 펀드 가입 |

'목적자금을 모으는 데 가장 중요한 것은 본인의 의지와 끈기다.'

기쁨이의 용돈 관리 재무 설계는 아이패드 구입으로 목표를 정하고 이를 달성하고자 계획을 세워서 적립식펀드를 실행으로 옮겼다.

STEP 2 돈을 모으는 것보다 더 중요한 것은 쓰는 것!

꿈과 목적을 갖고 모으자!

기쁨이는 자신이 원하는 것을 꿈꾸며 구체적인 계획을 세워서 매월 10만 원씩 저축하여 1년 6개월 동안 모은 돈 약 190만 원(수익금 포함)으로 마침내 아이패드를 구입하여 목표를 달성했다.

기쁨이의 다음 목표는 취미생활로 사진촬영에 필요한 카메라 구입이었다. 목적자금을 카메라 구입 자금으로 수정하고 1년이 지나서 카메라 구입 목표도 달성했다.

기쁨이는 본인이 세운 계획이 한 가지씩 이루어지는 것을 체험하며 재무 설계에 대한 신뢰와 확신을 가지게 되었다.

STEP 3 학생에서 회사원으로!

용돈관리에서 급여관리로

용돈으로 재무관리를 시작한 지 어느덧 2년 6개월이 지났다. 기쁨이는 어엿한 직장인이 되어 기존의 용돈생활이 급여생활로 바뀌었다. 이제는 급여로 목적자금 만들기를 상담하여 새로운 재무 설계를 시작하게 됐다. 2년 6개월 동안 모은 자금 중 아이패드와 카메라를 구입하고 남은 145만 원과 급여에서 매월 CMA통장으로 자동이체 70만 원씩 적립하여 자산배분을 설정하고 목적자금을 세분화하여 구체적인 계획을 세워 실행에 옮겼다.

비상예비자금, 단기목적자금(자동차 구입 자금), 중기목적자금(결혼자금), 장기목적자금(노후자금)으로 목적자금 목표를 정하고 계획을 세워 실행에 옮겼다.

STEP 4 목표를 가지고 실행하지 않으면 만들어지지 않는다

시작하지 않았으면 만들어졌을까?

자신이 바라고 원하는 것을 얻기 위해서 바로 실행하지 않으면 만들 수 있는 것은 아무것도 없다. 구체적으로 계획을 세워 실행하지 않으면 즐거움도 없다.

기쁨이는 학생 때부터 꿈을 가지고 용돈 재무 설계를 꾸준히 실행하면서 목적자금으로 원하는 것을 구입할 수 있었다. 계획하고 실행한 지 5년이 지나 기쁨이의 금융자산은 비상예비자금(CMA) 1,629,637원, 단기목적자금(자동차 구입 자금) 8,889,500원, 중기목적자금(결혼자금) 1,300만 원, 장기목적자금(노후자금) 500만 원, 총 합계 약 2,900만 원을 모았다.

총 금융자산 약 2,852만 원	비상예비자금 : CMA → 1,629,637원 단기목적자금 : 자동차 구입 → 8,889,500원 중기목적자금 : 결혼 자금 → 13,000,000원 장기목적자금 : 노후자금 → 5,000,000원

'뚜렷한 목적을 정하고 실행에 옮기지 않으면 이루어지지 않는다!'

기쁨이는 5년 동안 용돈 재무 설계 10만 원으로 시작하여 원하는 것을 달성하고, 급여 재무 설계로 28,520,000원이라는 목적자금을 달성했다.

이처럼 재무 설계는 자신의 재무 관련 상황을 파악하여 목표를 세우고 이에 맞추어 구체적인 자금 준비 등을 계획하고 실천하는 것이다.

아직까지 재무 설계에 대한 확신이 없다면 전문가들과의 상담에 따른 조언을 통해 작은 목표부터 세워보는 것은 어떨까?

재무 설계로 풀어보는 대출의 지렛대 효과

대출을 이용하는 사람들의 대부분은 저축이 우선이 아니라 대출상환이 먼저라고 하며 대출상환에만 집중한다. 하지만 대출이 있으면 확실한 해결방안이 필요하다. 구체적인 대출 상환 계획을 세우지 않으면 시간이 지나면 지날수록 재정적 악화로 빚이 쌓여 눈덩이처럼 커진다. 생각지도 않게 불어난 대출은 재정적 악화로 마음의 고통을 가중시키고 자신이 꿈꾸는 재무 목표와는 거리가 멀어지게 만든다. 부채가 불어나 힘들어하는 것을 보면 안타깝다.

대출을 탈피하여 저축으로 올라서는 방법은 무엇일까?

STEP 1 부채 목록을 작성하여 종류와 기능을 파악한다

마이너스통장(회전 대출), 보험약관대출, 현금서비스, 카드론, 신용대출, 전세자금대출, 주택담보대출 등 가지고 있는 모든 부채를 모아서 금액과 이자를 파악하고 어떤 방법과 어떤 순서로 상환할 것인지 계획을 세운 다음 대출상환을 우선순위로 정하고 관리해야 한다.

STEP 2 대출을 정확하게 알고 활용하자

대출금액 동일 이자축소(이율이 낮은 곳으로 대환 처리)

　금융기관은 크게 은행, 증권사, 보험사 등이 있다. 각각의 금융기관에서 자신에게 필요한 정보와 상품선택을 활용하는 것이 중요하다. 금융기관도 많고 지점마다 금리가 다르다. 금융기관의 특판대출금리인 '최저금리'가 있는지, 대환처리가 유리한지 기존 대출금리를 낮추는 방법 등 여러가지 기능을 일반 소비자들이 알기란 쉬운 일이 아니다. 더욱이 대출보다 더 중요한 것이 상환이다. 상환 방법에 따라 이자가 천차만별이기 때문이다.

　만기일시상환, 원리금균등상환, 원금균등상환, 원금분할상환 등 상환 조건에 따라 이자가 달라진다. 그렇다면 어떻게 상환할 것인가?

　중요한 것은 현재 눈에 보이는 대출이자보다 상환할 수 있는 방법을 찾아내는 것이다.

STEP 3 지렛대 효과를 활용하여 목적자금을 지키자!

재무 설계를 하려고 해도 '돈이 없다?'

　"돈이 없어서 재무 설계를 못한다"라고 말하는 사람들이 이해하지 못하는 재무 설계의 하나가 leverage effect 빚테크 재무 설계이다.

　레버리지는 지렛대라는 빚(남의 돈)으로 수익을 끌어올리는 것이다. 잘 활용하면 수익을 극대화할 수 있지만 자칫 잘못 활용하면 회복할 수 없을 정도로 대출이 극대화될 수 있다.

　실전에서 활용할 수 있는 지렛대로 이용하기 위해서는 대출을 잘 이해하고 본인의 태도가 확고해야 한다. 레버리지는 수익률이 대출이자보다 높을 때 사용하는 것이 일반적이다. 하지만 안정적인 재무 설계를 위해서는 자신을 관리하는 것이 우선이다. 즉, 대출 규모가 감당할 수 있는 수준이어야 하고 현재 본인의 소득과 보유하고 있는 자산들을 충분히 고려해서 결정해야 된다. 또한 향후 금리 변동성과 본인의 경제 상황 등을 감안하고 꾸준하게 관리하면서 줄여나가는 것이 가장 중요하다.

CASE 대출

'모으고, 줄이고, 지키고'

50대 중반의 자영업자 유대출 씨. 소득은 일정한데 빚은 계속 불어나고 매월 지출하는 대출이자 때문에 생활이 점점 더 힘들어져 마음의 고통이 쌓이면서 가정에서 큰 소리가 나기 시작했다. 빚이 줄어들지 않는 것에 대해 궁금증을 가지고 재무 설계 상담을 하게 되었다.

1. 모으고 · 대출 3개

가지고 있는 모든 대출(주택담보대출 6천, 보험약관대출 1천, 마이너스대출 1천) 8,000만 원을 한곳으로 모았다.

2. 줄이고(대출), 불리고(저축) · 대출 1개

대출이 3년이 지나 상환수수료가 없어 이자율이 낮은 주택담보대출 1억으로 대환 처리해서 보험약관대출과 마이너스대출을 상환하고 현금 2,000만 원을 마련했다. 기존 7,000만 원의 대출이자가 661,330원에서 신규대출 1억 대출이자 528,610원으로 132,720원이 줄어들었고, 저축성보험 3,000만 원을 해약하여 월 불입액 50만 원이 줄어들었다.

3. 지키고(대출 상환)

기간을 정해서 효율적으로 상환할 수 있도록 관리하는 것이 중요하다. 현금 5,000만 원과 기존 월 불입액 632,720원을 활용하여 대출상환 목적 자금 1억을 모으기 위해 실행에 옮겼다. 재무 설계 1년 후 정기점검을 하며 1억 대출이 3,650만 원으로 줄어든 것을 확인하였다.

〈재무 설계 **전** 자산현황〉

자산		부채	
저축보험　　　3,000만 원 (월 50만 원 불입)		주택담보대출　　6,000만 원 보험약관대출　　1,000만 원 마이너스 통장　　1,000만 원	
순자산 (−) 5,000만 원			

〈재무 설계 **후** 사산현황〉

자산		부채	
투자금액　　　5,000만 원 (대출상환목적자금)		주택담보대출　　　1억 원	
순자산 (−) 5,000만 원			

〈재무 설계 **1년 후** 자산현황〉

자산		부채	
투자금액　　　5,250만 원 적금　　　　　　766만 원 (대출상환목적자금)		주택담보대출　96,667,000원 (1년 원금 상환액 3,333,000 원)	
순자산 (−) 3천650.7만 원			

⟨재무 설계 **전** 지출금액⟩

주택담보대출이자(4.8%) (원리금균등)	524,665원
보험약관대출이자(6.9%)	57,500원
마이너스통장이자(9.5%)	79,165원
저축보험	500,000원
합계	1,161,330원

↓

⟨재무 설계 **후** 지출금액⟩

주택담보대출이자(3.01%) (원금균등상환)	528,610원
적금 (대출상환목적자금)	630,000원
합계	1,158,610원

※ 현재 지출은 변동이 없지만 부채는 줄고 저축은 늘면서 준비되어 있는 현금으로 대출에 대한 심리적 고통에서 벗어나 편안하게 목적자금을 만들고 있다.

STEP 4 '빚'에서 벗어나는 방법

돈에 대한 올바른 가치관과 자기관리

부채라는 무거운 옷을 벗고 가벼운 저축의 옷으로 갈아입기 위해서는 본인의 노력이 가장 중요하다. 부채의 짐을 지고 있으면 해결방법이 필요하다. 부채가 쌓이지 않게 신용카드, 마이너스 통장, 신용대출, 담보대출 등 소비 습관을 관리하고 노력해야 한다.

눈덩이처럼 커지는 부채를 녹이려면 재무 설계사 상담 → 신용회복위원회 → 개인회생 → 개인파산 등 여러가지 제도와 방법들을 활용하는 부채 관리가 필요하다.

소득에 적정한 보험 설계로 목적자금 달성

중학생과 초등학생 두 자녀를 둔 40대 중반의 맞벌이 가정이다. 소득은 일정한데 자녀들이 성장하다 보니 대출이자와 보험료 납입이 점점 힘들어지고 대출도 감당하기 힘들다고 한다. 나이는 들어가고 노후자금과 대출상환, 교육자금 준비를 어떻게 하면 좋을지 막연해 하며 상담을 요청해 왔다.

STEP 1 상담과 재무 상황 파악

걱정만 늘어가는 40대 부부의 재무 상황

남편은 회사원, 아내는 간호사 전문직으로 부부의 월 평균 수입은 약 580만 원이다. 첫째 자녀는 중학교 3학년, 둘째 자녀는 초등학교 6학년인데 두 자녀의 교육비 걱정이 태산이다.

대출은 5년 만기, 일시상환(연 4.8% 고정금리) 조건의 주택담보대출 7,000만 원이 있는데 매월 28만 원의 이자가 지출되고 있다. 저축은 7개월 전부터 매월 35만 원씩 펀드에 불입하기 시작했다.

연금은 세액공제 연금저축 월 30만 원과 공시이율비과세연금 약 6만 원을 납입하고 보장성 보험은 네 식구가 무려 19건으로 월 수입은 약 580만 원, 연금 약 36만 원, 저축 35만 원, 저축보다 2배나 많은 약 76만 원의 보험료가 지출되고 있었다.

재무 상황 파악

1. 고객 정보
- 김전전 : 47세. 회사원. 연봉 3,000만 원 ┐ 월 수입 약 580만 원
- 박긍긍 : 43세. 간호사. 연봉 4,000만 원 ┘
- 김딸 : 15세. 중학생
- 김아들 : 13세. 초등학생

2. 재무 목표
1. 대출상환   2. 교육자금   3. 노후자금   4. 금융자산

3. 대출
- 주택담보대출 : 5년 만기 일시상환(연 4.8%) 조건,
  7,000만 원(월 이자 28만 원)

4. 저축
- 펀드 : 35만 원 × 7개월 = 245만 원

5. 보험 및 연금
- 보장성 보험 : 756,000원(19건)
- 연금저축 : 300,000원
- 비과세연금 : 54,320원

STEP 2 재무 상황 분석 및 평가

▷ **보험 설계 : 최소한의 비용으로 최대한의 효과**

재무 설계 중 가장 어려운 것이 보험 설계이다. 내용이 어렵고 복잡해서

일반인들이 제대로 알고 가입하기 쉽지 않다. 대부분의 사람들이 필요에 의해 가입하는 것이 아니라 주변의 친분 있는 보험 설계사들의 권유에 못 이겨 주먹구구식으로 가입한다. 보험에 많이 가입할수록 보장을 많이 받을 수 있어서 나쁠 것은 없지만 가입하는 데 발생하는 비용과 보험에서 얻어지는 혜택 간의 균형을 적절히 맞추어야 효율적이다.

▷ **기존에 가입한 보험 상품을 소득수준에 맞게 총소득의 10~20% 이내로 축소하기**

1. 원금 생각은 하지 말자

부담이 되는 보험료를 효율적으로 줄이는 데 가장 걸림돌이 되는 것이 원금이다. 보험을 중간에 해약하면 해약 환급금이 적은 경우가 많다. 원금보다 적은 해약금 때문에 힘들어할 필요가 없다. 보험을 정확하게 모르고 납입한 돈에만 관심이 있기 때문이다. 보장성 보험은 특약이 소멸되기 때문에 만기가 되어도 납입한 원금을 받지 못한다. 그렇기 때문에 중도에 해약하나 만기까지 보유하나 원금을 보장받지 못하는 것은 같다.

2. 보험을 줄이고 해약할 때 주의점

보험료 거품을 제거하기 위해 무턱대고 보험 상품을 해약하면 가입하고 싶어도 가입할 수 없는 상품일 경우 손해가 크다. 해약할 때 어떤 상품을 유지하고 해약할지 중복보험(비슷한 보험이 2개 이상 가입) 상품의 특성을 꼼꼼하게 살펴보고 신중하게 결정해야 한다.

• 소득에 비해 보험료 지출이 많아 전전긍긍하는 부부의 재산 리모델링

4인 가족이 납입하고 있는 보장성 보험료 757,000원(19건) 중에서 중복된 보험과 특약을 정리하면 421,000원(10건)으로 축소되고, 월 보장성보험료가 336,000원 줄어들어 매월 보험료가 소득의 적정한 10% 이내로 리모델링이 가능하다. 해약하고 새로 가입하는 재건축이 아니라 기존 보험을 축소하는 것이다. 보험에 가입한 연금저축 30만 원은 가정의 현 재무 상황에 따라 증권회사로 이전시키고, 보험과 특약을 정리하면 해약환급금 9,066만 원이 발생하고 7개월 불입한 펀드를 해약하면 245만 원 총합계 9,900만 원을 마련할 수 있다.

재무 상황 분석

1. 보험과 펀드 정리
   - 보장성 : 757,000원/기존(19건) → 421,000원/변경(10건)
   - 연금저축 : 300,000원 → 증권사 이전
   - 비과세펀드 : 54,320원 → 해약
   - 펀드 : 350,000원 → 해약
2. 월 불입액 : 약 1,460,000원 → 약 420,000원(1,040,000원 축소)
3. 보험과 펀드 정리 : 약 9,900만 원 목돈 마련

STEP 3 대안 제시

보험 정리로 목적자금 달성

보험과 펀드를 정리해서 마련한 목돈 9,900만 원과 고정적으로 지출했던 대출이자 28만 원, 펀드 35만 원, 연금 36만 원, 보장성보험 34만 원으로 매월 납입액이 약 133만 원 줄었다.

목돈 약 9,900만 원으로 부부의 가장 큰 짐이 되었던 부채 재무 목표 1

순위인 주택담보대출 7,000만 원 상환을 제안하였다. 매월 고정적으로 지출되었던 133만 원과 대출상환 후 남은 금액 2,900만 원으로 재무 목표 2순위인 교육자금과 3순위인 노후자금 마련을 제안하였다.

대안 제시

1. 재무 목표 1순위 : 대출상환자금 달성

   약 9,900만 원 − 7,000만 원 = 약 2,900만 원
   (보험 및 펀드 정리)   (대출금)   (잔액)

2. 재무 목표 2순위·3순위 : 교육자금, 노후자금

   2,900만 원 + 매월 150만 원
   (목돈)   (저축)

STEP 4 실행 및 정기점검

대출과 보험료로 전전긍긍하던 부부가 재무 설계 상담 후 힘들었던 대출은 전부 상환하고 보험료는 줄이고, 줄어든 금액이 저축으로 바뀌었다. 보험, 대출, 펀드 등을 한 군데로 모아서 모두 정리하고 변함없는 지출로 계획을 세워 대출상환 후 남은 2,900만 원(목돈)과 매월 줄어든 133만 원으로 목적자금 만들기를 실행했다. 2년 9개월 후 정기점검을 하면서 불어난 금액이 약 5,700만 원, 기존보다 약 3배나 불어나서 금융자산이 8,600만 원 만들어진 것을 보고 재무 설계의 놀라움을 느끼면서 기뻐했다.

실행 2,900만 원(목돈) + 매월 150만 원(저축)

정기점검 총 금융자산 : 약 8,600만 원(2년 9개월 후)

〈보험 분석으로 종합 재무 설계를 실행해서 꿈의 사다리를 만드는 과정〉

증여·상속 설계(실행 전)
세금 설계(연금 이전)
부동산 설계(대출 상환)
투자 설계(목적자금 적립)
은퇴 설계(노후목적자금)
보험 설계(보험 리모델링)

월 30만 원 → 증권사 이전
7,000만 원 → 0원
245만 원 → 약 5,200만 원
1,600만 원 → 약 3,400만 원
757,000원 → 421,000원

〈종합재무 설계 효과〉

- 재무 상태를 진단해 보고 인생의 중간점검을 해볼 수 있다.
- 꿈과 목표 · 계획이 없는 경우, 의미 있는 삶의 목표를 세우는 전환점이 된다.
- 목표와 계획은 있지만 구체적이지 않은 경우, 그것을 구체화하는 계기가 된다.
- 인생 전체를 돌아볼 수 있고 삶의 우선순위를 정할 수 있다.
- 재무 설계사의 조언과 도움으로 합리적이고 실행 가능한 투자계획을 수립할 수 있다.
- 실행력이 부족한 경우, 목표를 달성하기 위해 실행하는 삶이 된다.
- 정기적인 모니터링으로 재무 목표를 점검하고, 목표를 수정 · 보완할 수 있다.

인건비와 4대 보험 관리

직원을 고용하면 인건비가 발생한다. 인건비는 사업에 필수적으로 지출되는 비용으로 사업자라면 정보 교류를 통해 많은 정보를 습득하고 있는 부분이다. 그러나 경험을 통해 습득한 부분이 많아 상담 시 부정확한 지식이 대부분이다. 인건비는 세법뿐 아니라 4대 보험과 근로기준법에 대한 지식도 필요하다.

인건비와 관련하여 사업자라면 반드시 알아야 할 부분을 알아보자.

1. 최저임금 이상의 급여를 지급해야 한다

노동법상 근로자를 고용하면 반드시 임금을 지급해야 한다. 임금은 통상적으로 회사와 근로자 간 맺은 근로계약서상에 정한 금액을 지급하게 된다. 중요한 것은 당사자 간에 약정한 임금이라도 반드시 최저임금 이상이어야 한다. 즉, 근로계약을 통해 최저임금 미만의 임금을 정한 경우 그 계약은 무효가 되고 최저임금액이 직접 적용되는 효력이 발생한다는 의미이다. 2017년 최저임금은 시간당 6,470원이다. 주 40시간 사업장으로서 월 단위로 환산하면 1,352,230원이다.

편의점 아르바이트 직원의 경우를 예로 들어보자. 1일 8시간, 월 25일 근무조건으로 월 120만 원을 지급하기로 아르바이트 직원과 근로계약을 맺었다고 가정하자. 월 100만 원을 시간급으로 환산하면 시간당 6,000원(월 100만 원÷월 근로시간 200시간(25일×8시간))이다.

시간당 6,000원은 2017년도 시간당 최저임금 6,470원에 미달한다. 따라서 아르바이트 직원과 맺은 근로계약은 무효이고, 최저임금과 회사가 지급한 임금과의 차액에 대해서 회사는 해당 직원에게 추가로 임금을 지급해야 한다.

또한, 최저임금보다 적은 임금을 지급하여 최저임금을 위반한 사업장은 최저임금법 제28조 제1항에 의해 형사 책임을 지게 되어 3년 이하의 징역 또는 2천만 원 이하의 벌금에 처할 수 있다.

2. 직원이 연장근로 등을 하면 연장근로수당 등을 지급해야 한다

A회사의 예를 들어보자. A회사는 주 40시간 사업장으로 1일 8시간 (9:00~18:00)을 근무하는 사업장이다. A회사에 근무하는 직원이 특정일에 9:00~23:00까지 근무하였다면 회사는 초과근무한 시간에 대해서 임금을 지급할 필요가 없는 것일까? 아니다. 초과근무한 시간에 대해 임금을 지급해야 하고 이와 더불어 가산수당이라는 것을 지급해야 한다.

A회사의 시급이 1만 원이라면 1일 법정근로시간인 8시간을 초과하여 근무한 시간에 대해서 아래와 같은 임금을 추가로 지급해야 한다.

〈초과근무시간에 대한 임금계산〉

기본임금	초과근로 5시간 × 시급 10,000원 = 50,000원
연장근로가산수당	초과근로시간 5시간 × 시급 10,000원 × 50% = 25,000원
야간근로가산수당	야간근로시간 1시간 × 시급 10,000원 × 50% = 5,000원
총 초과근무수당	초과근로 기본임금 50,000원 + 연장근로 25,000 + 야간근로 5,000원 = 80,000원

※ 초과근무시간(18:00 ~ 21:00)에 휴게시간이 있다면 해당 휴게시간은 초과근무시간에서 제외

그러면 연장근로와 야간근로는 무엇을 말하는 것일까?

연장근로는 일일 법정근로시간 8시간을 초과하여 근무한 시간을 말하며, 야간근로란 오후 10:00부터 오전 6:00 사이에 근로를 제공한 것을 말한다. 아래와 같이 연장근로 또는 야간근로에 해당되는 경우에는 초과근무한 시간에 대한 기본임금과 50% 가산수당을 지급해야 한다.

〈연장근로시간과 야간근로시간〉

연장근로	1일 8시간 또는 주 40시간을 초과하여 근무한 시간
야간근로	오후 10:00부터 오전 6:00 사이에 근무한 시간

그러면 사업장에서 연장근로 등을 하면 사업장은 반드시 연장근로 등의 가산수당을 지급해야 할까? 아니다. 5인 미만 사업자의 경우, 연장·야간·휴일근로에 대한 50% 가산수당이라는 임금할증이 적용되지 않는다.

작년에 한 거래처로부터 상담을 요청받은 적이 있다. 해당 거래처는 직

원이 3명인 사업장이었다. 해당 직원이 연장근로한 시간에 대해서 연장근로가산수당을 지급하지 않으면 노동부에 신고하겠다고 하는데 어떻게 해야 하는지 다급하게 문의하였다. 위에서 언급하였듯이 5인 미만 사업장의 경우 연장근로가산수당을 지급하지 않아도 노동법 위반이 아니므로 연장근로에 대한 기본임금만 지급하면 되고 별도로 50%의 가산수당은 지급할 필요가 없다.

즉, 근로기준법에서 말하는 본 근로 외에 50% 할증한 금액을 지급해야 하는 연장·야간·휴일근로수당은 5인 이상의 사업장에만 적용된다는 것이다.

3. 인건비는 회사의 비용이면서 직원의 소득이다

회사가 직원에게 지급하는 인건비는 회사 입장에서는 회사의 사업과 관련된 비용으로서 세금을 절감할 수 있는 지출금액임과 동시에 해당 직원에게는 근로소득으로 구분되어 소득세 및 지방소득세를 납부해야 하는 개인소득에 해당된다. 따라서 회사가 다음 연도 3월 10일까지 연말정산하고 근로소득지급명세서 또는 근로소득원천징수영수증을 국세청에 제출하는 이유가 바로 여기에 있다.

먼저 인건비의 법인세 측면을 살펴보면, 근로의 대가로서 정기적으로 지급되는 급여는 임원과 직원을 구분하지 않고 법인세법상 회사의 비용에 해당된다. 즉, 회사의 인건비 지출액이 2,000만 원이고 적용세율이 20%라면, 400만 원의 세금이 절감된다.

그러나 임원에게 지급된 상여금은 정관이나 주주총회·이사회 결의에 의해 결정된 상여금지급규정 등에 지급해야 할 금액을 초과하여 지급한 상여금에 대해서는 회사의 비용으로 인정하지 않는다는 점에 유의해야 한다.

회사 단계에서 비용으로 인정된 급여는 소득세법상 근로소득에 해당되어 매달 지급하는 급여에 대해 소득세 등을 공제하여 납부하게 된다. 이를 '원천징수'라 한다.

매월 납부된 소득세 등은 연말정산을 통해 소득세를 정산하게 되는데 이를 '연말정산'이라 한다. 연말정산을 통하여 회사는 급여지급내역 및 소득세 납부 등을 증명하는 지출증빙서류인 근로소득지급명세서(또는 근로소득원천징수영수증)을 국세청에 제출하게 된다.

일반적으로 이러한 절차를 통해 세법상의 인건비가 관리된다. 회사가 인건비를 지급하였으나 소득 단계에서의 세금공제 및 납부와 지급명세서 제출 등의 절차가 생략되어 인건비 비용처리에 어려움을 겪고 결국에는 세금절감 효과를 보지 못하는 경우를 종종 보아온 터라 다시 한 번 세법상 인건비 관리 및 처리절차에 대해서 이해하는 기회가 되었으면 한다.

덧붙이자면, 인건비 비용처리에 있어서 주의해야 할 점은 첫째, 회사에 근무하지 않는 가족 또는 지인을 직원으로 등재하여 가공인건비를 계상하는 경우가 있다. 이는 향후 세무조사 등에 의해 문제가 될 소지가 많으므로 지양하는 것이 바람직하다. 둘째, 법인의 대표자 인건비는 회사 비용으로 인정받으나 개인사업장의 대표자 인건비는 회사경비로 인정되지 않는다.

4. 직원을 고용하는 사업장은 4대 보험료를 납부해야 한다

현재 우리나라는 1인 이상의 근로자를 고용하고 있는 모든 사업장에 4

대 보험 가입을 의무화하고 있기 때문에 근로자를 고용하는 모든 사업주는 4대 보험료를 부담해야 한다.

일반적으로 국민연금, 건강보험, 고용보험 중 실업급여 보험료는 회사와 직원이 각각 50%씩 부담하며, 고용보험 중 고용안정직능개발 부담금과 산재보험은 전액 회사가 부담하게 된다.

현장에서 기업들이 느끼는 부담들 중에 특히 4대 보험과 법인세 등 세금에 대한 부분이 가장 크다.

그러면 첫째, 4대 보험료의 부과기준에 대해 살펴보자. 4대 보험료는 매월 직원에게 지급하는 급여에 대해 보험료를 부과하는 방식이 아니라, 매월 지급하는 급여에서 비과세소득을 차감한 '총급여액'에 보험료를 부과하는 방식이다.

예를 들면 A라는 직원의 급여가 월 150만 원이며, 월급여액 중 세법상 비과세소득인 식대 10만 원이 포함되어 있다고 가정해 보자. 이 같은 경우 4대 보험료 부과기준은 월급여 150만 원이 아니라 비과세소득을 차감한 월 140만 원(월 150만 원 – 식대 10만 원)에 대해서 4대 보험료를 부과하기 때문에 그만큼 부담해야 할 4대 보험료를 절감할 수 있다.

따라서 월급여 중 비과세소득이 있는지 먼저 살펴보는 것이 4대 보험료를 절감할 수 있는 하나의 방안이 될 수 있다.

둘째, 정규직원만 4대 보험 가입대상일까? 아니다. 어떤 근로자를 채용했을 때 4대 보험 납부 의무가 있는지 정확히 몰라 의도치 않게 과태료 등을 납부하는 일이 종종 있다.

고용기간이 1개월 미만인

일용근로자의 경우 국민연금과 건강보험은 가입대상이 아니나 고용 및 산재보험은 가입대상이다. 또한 해당 일용근로자를 1개월 이상 고용한 경우에는 국민연금과 건강보험도 가입대상이라는 것에 주의할 필요가 있다.

지출증빙서류 잘 챙기는 것이 절세의 지름길

"지출증빙서류를 챙겨라"
업무와 관련된 지출이 많을수록 세금은 줄어든다

사업을 하면 항상 따라다니는 것이 있다. 바로 세금이다. 그래서 사업하는 분이라면 늘 세금에 민감할 수밖에 없고, 세금이 많고 적음에 따라 희비가 엇갈리는 것은 당연한 일일 것이다.

거래업체를 방문할 때나 신규로 사업 준비 중인 분을 상담할 때면 한결같이 하는 질문이 있다.

"세무사님, 어떻게 하면 절세할 수 있을까요? 세법 전문가시니 세금을 적게 내는 방법을 많이 알고 계시지 않나요?"

사업하는 분들에게 자연스럽게 나오는 말이 절세인데 그만큼 사업하는 분들의 큰 관심사이다. 그 질문에 대한 답변은 간단하다. '영수증부터 잘 챙기는 것'이 절세의 첫걸음이자 지름길이다.

세금이란 수입에서 비용을 차감한 이익에 부과되는 조세이기 때문에 비용이 클수록 이익이 작아져 그만큼 세금이 작아진다. 세금을 작게 해주는 그 비용을 입증해 주는 것이 바로 영수증이란 것이다.

회사가 실제 비용을 지출하고 그에 대한 영수증을 갖추고 있지 못하였다면, 비용으로 인정받지 못할 뿐만 아니라 그 지출금액을 대표이사가 가져간 것으로 보아 가지급금으로 계상되어 가지급금 인정이자에 대하여 추가로 세금을 더 부담하여야 하는 문제가 발생할 수 있다.

또한 영수증이라고 다 인정받는 것도 아니다. 세법에서는 기업이 지출하는 각종 비용들에 대해서 세법에서 인정하는 영수증을 수취하여 보관하도록 하고 있다.

세법에서 인정하는 영수증을 '적격지출증빙서류'라고도 부르는데 이러한 적격지출증빙서류를 수취하여 보관하지 않으면 거래 자체를 인정받지 못하거나 실제 거래 사실을 입증하여 비용으로 인정받더라도 적격증빙미수취에 따른 가산세 불이익을 받을 수 있다.

〈적격증빙서류 미수취 시 적용되는 세무상 불이익 유형〉

구 분	세무상 불이익 유형
법인세	해당 비용을 회사 비용으로 인정하지 않아 법인세 부담 증가 ※ 단, 객관적인 자료에 의해 지급 사실이 확인되는 경우에는 비용으로 인정함
부가가치세	지출증빙서류를 미수취한 경우 부가가치세 매입세액공제를 받을 수 없어 부가가치세 부담 증가

그럼 사업을 운영하면서 절세와 근본적으로 연결되어 있는 '적격지출증빙서류'에 대해서 알아보기로 하자.

"제가 올해 이만큼을 벌었다고요?
통장잔고를 보세요. 남은 게 별로 없어요!"
세금 신고 시즌이 도래하면 누구나 이런 말을 자주하거나 자주 듣곤 할 것이다. 물론 다른 사연이 있을 수 있으나 이럴 때면 필자는 불연듯 '사장님께서 돈을 주고 영수증을 받지 않은 거래가 많구나'라고 생각한다.

사업자의 세무관리에 있어서 가장 중요한 것 중 하나가 바로 정규지출증빙서류를 수취하고 보관하는 일일 것이다. 왜냐하면 사업자가 사업을 하면서 발생하는 각종 비용을 사업경비로 인정받기 위해서는 그 비용의 지출에 대한 증빙서류를 수취하고 보관하고 있어야 하기 때문이다.

그럼 비용의 지출 사실을 확인할 수 있는 서류라면 어떤 것이든 상관없는 것일까? 아니다. 모든 영수증이 지출증빙서류로 인정되는 것이 아니라 세법에서 인정하고 있는 적격지출증빙서류를 수취해야 한다.

세법에서 인정하고 있는 적격지출증빙서류란 세금계산서, 계산서, 신용카드매출전표, 현금영수증(지출증빙용)을 말한다. 즉, 기업이 지출하는 각종 경비에 대해서는 세법에서 인정하는 세금계산서, 계산서, 신용카드매출전표, 현금영수증(지출증빙용)을 받아야 한다는 것이다.

〈거래증빙서류 유형과 적격지출증빙서류〉

거래증빙서류 유형	세금계산서, 계산서 신용카드매출전표, 현금영수증 (지출증빙용)	적격지출증빙서류 혹은 정규증빙서류
	(간이)영수증, 지로영수증, 무통장입금증, 거래명세서(표), 금전등록기영수증 등	기타 영수증

세법에서 인정하는 적격지출증빙서류를 수취하지 않으면, 실제 지출 내용을 입증하기 어려워 비용으로 인정받지 못할 수 있으며, 설령 객관적인

서류에 의해 실제 지출 사실이 밝혀져 비용으로 인정받는다 하더라도 정규지출증빙 미수취에 따른 가산세가 부과된다.

"거래 건당 3만 원을 초과하는 거래는 지출증빙서류를 챙겨야 가산세 피할 수 있어"

세법은 3만 원을 초과하는 거래에 대해서 상기의 적격지출증빙서류(세금계산서 · 계산서 · 신용카드매출전표 · 현금영수증)를 수취하지 않으면, 정규증빙미수취가산세라 하여 거래금액의 2%를 가산세로 부과한다.

가게 · 문구점 등에서 사무용품을 구매하거나 식당에서 식사를 하고 돈을 지불할 때, '간이영수증'이라는 영수증을 많이 받는다. 그러나 간이영수증은 세법에서 인정하는 지출증빙서류가 아니기 때문에 3만 원을 초과하는 거래에 대해서 간이영수증을 수취하면 거래금액의 2%에 해당하는 적격증빙미수취에 따른 가산세를 부담하게 된다.

따라서 거래 건당 거래금액이 3만 원 이하인 경우에는 간이영수증도 지출증빙으로 인정받아 적격증빙미수취에 따른 가산세가 부과되지 않지만, 3만 원을 초과하는 경비를 지출하는 경우에는 세법상 인정하는 적격지출증빙서류를 받아야 가산세 부담을 피할 수 있다.

그러나 접대비를 지출한 경우에는 좀 다르다. 1회 접대 지출 금액이 1만 원을 초과하는 경우 적격지출증빙서류를 받지 않으면 접대비 한도초과 여부에 상관없이 비용 자체를 인정받지 못한다. 또한 신용카드 사용의 경우에도 일반 지출과 다르게 반드시 법인명의의 카드를 사용해야 한다. 반면 비용으로 인정받지 못한 접대비에 대해서는 가산세를 적용하지 않는다.

따라서 접대비로 지출한 금액을 회사 비용으로 인정받기 위해서는 반드시 접대비 지출 건당 금액이 1만 원을 초과하는 경우 반드시 세금계산서 · 계산서 · 신용카드매출전표 · 현금영수증(지출증빙용)의 적격지출증빙서류를 받아야 한다.

지금까지 회사경비로 일정한 금액을 초과하여 지출하는 경우에는 세법상 인정하는 적격지출증빙서류을 받아야 한다고 말했다. 그런데 예외가 있다. 사업을 하다 보면 거래처 경조사에 축의금 등 경조금을 지출하는 경우가 발생한다. 이러한 경조사비는 20만 원 이하까지는 적격지출증빙서류를 받지 않아도 접대비로 인정받는다.

사업을 하는 분들과 대화를 나누다 보면, 거래처 경조사로 지출하는 경조금이 회사경비로 인정받는다는 사실을 모르는 분들이 의외로 많다.

접대비를 지출하는 경우에는 원칙적으로 1만 원을 초과하는 금액에 대해서는 적격지출증빙서류를 수취하여야 하나, 거래처 경조사로 건당 20만 원 이하의 경조사비를 지출하는 경우에는 적격지출증빙서류를 받지 않더라도 청첩장, 부고장 등 객관적인 증빙서류만으로도 접대비로 인정받아 비용으로 처리할 수 있어 그만큼 세금을 줄일 수 있다는 얘기다.

요즘에는 시대의 변화에 걸맞게 청첩장이나 부고장 등을 모바일로 주고받는 경우가 많은데 이 경우 모바일에서 청첩장 등을 스크린 캡처해서 출력 후 보관하면 훌륭한 증빙서류가 된다.

〈적격지출증빙서류 수취 지출 기준과 세무상 불이익〉

구분	적격지출증빙서류 수취 지출 기준
일반경비	지출금액이 3만 원을 초과하는 경우, 세금계산서 등 적격지출증빙서류를 수취해야 함
접대비	1회 접대비 지출금액이 1만 원을 초과하는 경우, 세금계산서 등 적격지출증빙서류를 수취해야 함

"사업하는 것도 정신 없는데 일일이 영수증 챙기기 어려워요"

개인사업을 하는 사장님들이 자주하는 말씀이다. 사업을 하다 보면 발생하는 비용이 한두 건이 아닌데 비용을 지출할 때마다 일일이 영수증을 챙기는 것이 여간 번거롭지 않다는 것이다.

이러한 불편한 점을 해소할 방법은 없을까? 이런 경우 국세청 사업용 신용카드를 활용해 보자.

사업자 명의의 신용카드 중 사업경비로 사용하는 신용카드를 국세청 홈택스 홈페이지에 사업용 신용카드로 등록하면 해당 신용카드로 사용하는 경비내역이 자동으로 집계 및 관리되기 때문에 일일이 신용카드매출전표를 수취하여 보관할 필요가 없다. 즉, 사업용 신용카드를 등록하면 해당 카드로 사용하는 지출 건에 대해서는 적격지출증빙서류 수취 및 보관의무가 면제된다.

또한 부가가치세 신고 시 국세청 홈택스 사이트에서 신용카드 사용내역 조회·출력 또는 다운이 가능하기 때문에 해당 기간에 지출한 비용에 대한 부가가치세 매입세액을 전액 공제받을 수 있어 그동안 신용카드매출전표 분실 등으로 비용뿐 아니라 부가가치세 매입세액을 공제받지 못했던 문제를 일시에 해소할 수 있다. 그만큼 세금 절세효과를 가져다준다.

개인사업자는 현금영수증 홈페이지 사업용 신용카드 등록 화면에 사업자명의의 신용카드를 최대 50개까지 등록할 수 있으며, 법인사업자 경우에는 별도의 등록 절차 없이 법인명의 신용카드는 사업용 신용카드에 자동 등록된다.

퇴직금 관리와 지급

인건비라 함은 급여와 퇴직금을 통칭하는 말이다. 그러면 급여와 퇴직금의 차이는 무엇일까?

급여가 직원을 고용하는 기간에 매월 발생하는 것이라면, 퇴직금은 고용이 종료됨으로써 발생하는 것이라는 측면에서 차이가 있다. 즉, 직원을 고용하는 기간에 회사가 퇴직금 명목으로 지급한 금액은 원칙적으로 퇴직금으로서 인정받지 못한다는 의미이다.

퇴직금은 그 관련 법률이 근로자퇴직급여보장법에 그 지급대상, 퇴직급여제도의 종류 및 그 지급방식 등을 규정하고 있다.

이 장에서는 근로자퇴직급여보장법과 세법에서 퇴직금을 어떻게 정의하고 관리하고 있는지를 살펴보기로 한다.

1. 퇴직금을 지급하여야 할 대상은 누구인가

근로자퇴직급여보장법에 따르면 입사일부터 퇴직일까지의 기간이 1년 이상인 근로자에 대하여 회사는 반드시 퇴직금을 지급하도록 되어 있다. 따라서 계속근로기간이 1년 미만인 근로자, 4주간을 평균하여 1주간의 소정근로시간이 15시간 미만인 근로자에 대하여 회사는 별도의 약정이 없는 한 퇴직금 지급의무가 없다.

이와 같이 직원이 퇴직할 때, 회사에 퇴직금 지급의무를 부담시키는 것은 근로자의 퇴직 이후의 안정적인 노후생활을 보장하는 측면이 강하다.

따라서 회사의 퇴직금 지급의무는 근로자퇴직급여보장법에 강제된 규정이기 때문에, 회사와 직원 간의 퇴직금을 지급하지 않겠다는 등의 계약은 원초적으로 무효라는 의미이다.

다음의 사례를 살펴보자.

A사와 직원은 매월 급여에 퇴직금을 포함하여 지급하고 향후 해당 직원이 퇴직할 때는 별도의 퇴직금을 지급하지 않기로 근로계약을 맺었다.

그렇다면 A사는 매월 급여에 퇴직금을 포함하여 지급하였기 때문에 해당 지원이 퇴직할 때는 퇴직금을 지급할 필요가 없는 것일까?

아니다. 퇴직금은 원칙적으로 근로소득과 달리 직원이 퇴직할 때 비로소 발생하는 급여청구권이다. 따라서 여전히 해당 직원과 맺은 근로계약과는 상관없이 해당 직원이 퇴직 시 퇴직금을 지급하여야 한다.

2. 퇴직금 중간정산 사유에 해당하지 않으면 중간정산할 수 없어

상기에서 설명한 것같이, 퇴직금이란 고용종료, 즉 퇴직을 원인으로 하여 발생하는 급여청구권이라 하였다. 따라서 현재 재직 중인 근로자에게 퇴직금 명목으로 지급한 금액은 퇴직금으로 보지 않으며, 세법은 이를 '업무무관가지급'으로 보아 업무무관가지급금 인정이자 익금산입 등 세무상 불이익을 받게 된다.

그러나 예외적으로 재직 중인 근로자에게 퇴직금 명목으로 지급한 금액을 퇴직금으로 인정해 주는 경우가 있는 데 이를 '퇴직금 중간정산'이라고 한다.

퇴직금 중간정산이 퇴직금으로서 효력을 인정받기 위해서는 퇴직금은 아래의 요건을 충족하여야 한다.

〈퇴직금 중간정산 요건〉

1) 근로자의 요구가 있어야 한다.
2) 사용자의 승낙이 있어야 한다.
3) 아래의 어느 하나에 해당하는 중간정산 사유에 해당해야 한다.
   ㉠ 무주택자인 근로자가 본인 명의로 주택을 구입하는 경우
   ㉡ 무주택자인 근로자가 주거를 목적으로 전세금·보증금을 부담하는 경우
   ㉢ 근로자, 근로자의 배우자와 생계를 같이하는 부양가족이 질병 또는 부상으로 6개월 이상 요양하는 경우
   ㉣ 퇴직금 중간정산을 신청하는 날부터 역산하여 5년 이내에 근로자가 파산선고 또는 개인회생절차 개시 결정을 받은 경우
   ㉤ 임금피크제를 실시하여 임금이 줄어드는 경우
   ㉥ 그 밖에 천재지변 등으로 피해를 입는 등 고용노동부장관이 정하여 고시하는 사유와 요건에 해당하는 경우

따라서 상기의 퇴직금 중간정산 요건을 모두 충족하지 못한 경우에는 해당 퇴직금 중간정산금은 적법한 퇴직금으로서의 효력이 없기 때문에 이후 해당 직원이 실제 퇴직하는 경우 회사는 중간정산 다음 날부터 기산하

여 퇴직금을 지급하여야 하는 것이 아니라 최초 입사일부터 기산하여 퇴직금을 지급하여야 하며 기 지급된 퇴직금 중간정산금은 부당이득금에 해당된다.

3. 퇴직연금제도에 가입한 근로자에 대해서는 퇴직금 중간정산할 수 없어

종종 퇴직금 중간정산이 모든 직원에 대해 적용되는 것으로 이해하고 있는 경우가 있다. 이는 퇴직급여제도를 이해하지 못한 것에서 비롯된 것이다.

근로자퇴직급여보장법에 따르면 회사는 퇴직하는 근로자에게 급여를 지급하기 위하여 퇴직급여제도 중 하나 이상의 제도를 설정하도록 되어 있다. 퇴직급여제도란 퇴직금제도와 확정급여형퇴직연금제도, 확정기여형퇴직연금제도를 말한다.

〈퇴직금 중도인출 유형〉

퇴직금제도	확정급여형퇴직연금(DB)	확정기여형퇴직연금(DC)
중간정산 ※ 중간정산 사유에 해당하는 경우에 한함	담보대출 ※ 담보대출 사유에 해당하는 경우에 한함	중도인출 ※ 중도인출 사유에 해당하는 경우에 한함

따라서 퇴직금 중간정산은 퇴직금제도에 가입한 근로자에 한하여 허용되는 제도로서 퇴직연금에 가입한 근로자에게는 퇴직금 중간정산이 허용되지 않는다. 그 대신 확정급여형퇴직연금제도에 가입된 근로자의 경우 담보대출이, 확정기여형퇴직연금제도에 가입된 근로자의 경우 중도인출

이 적용된다.

4. 퇴직연금제도 도입 시 법인세 절감 효과 있어

많은 회사가 퇴직연금제도를 도입하는 목적은 근로자의 퇴직금 수급권 확보라는 측면과 더불어 법인세 절감이라는 측면을 고려한 것이다.

예를 들면, A사는 임직원이 퇴직할 경우 지급하여야 할 퇴직금추계액이 1억이고, 적용세율은 10%라고 가정해 보자.

기업회계기준상 1억 전액이 비용으로 인정되나 세법은 2014년 기준 시 퇴직금추계액의 15%만 비용으로 인정한다. 따라서 세법상 회사가 퇴직금 추계액의 전액을 비용으로 인정받고자 한다면 퇴직급여추계액의 85%에 해당하는 금액을 퇴직연금에 가입하여야 한다.

퇴직연금을 도입하지 않은 경우와 도입한 경우의 세금절감 효과를 비교해 보면 아래와 같다.

〈퇴직연금 미도입 VS 도입 시 세금절감 비교〉

세금절감 효과		세금절감 차이
퇴직연금 미도입	퇴직연금 도입	
1억×15%×10% = 150만 원	1억×(15%+85%)×10% = 1천만 원	850만 원

5. 임원의 퇴직금은 일정한 한도를 초과하는 금액에 대해서는 퇴직금으로 인정 안 돼

직원에게 지급하는 퇴직금은 세법상 비용으로 인정하고 전액 퇴직소득으로 과세되어 근로소득 등 타소득에 비해 세 부담이 낮다. 그러나 임원의 경우에는 회사가 지급한 퇴직급여의 일정금액 범위 내에서만 비용으로 인정한다.

임원에게 지급하는 퇴직급여에 대해 세법에서 인정하는 비용의 범위는 다음과 같다.

〈임원퇴직금의 세법상 비용인정 범위〉

구분	세법상 비용인정 범위
정관 등에 규정되어 있는 경우	정관 또는 퇴직급여지급규정이 있는 경우 그 규정상의 금액
규정 등이 없는 경우	퇴직직전 1년간의 총급여 × 10% × 근속연수

따라서 위의 세법상 비용 인정범위를 초과하여 지급한 임원퇴직금은 회사 비용으로 인정받을 수 없어 그만큼 세 부담이 증가한다.

또한 퇴직급여지급규정이 있는 경우가 규정이 없는 경우보다 회사가 비용으로 인정받을 수 있는 범위가 크며, 임원도 그만큼 퇴직금을 더 수령할 수 있을 것이다.

한편 소득세법에서는 임원퇴직금의 과도한 적립으로 회사자산이 외부로 유출되는 것을 방지하기 위해 소득세법상 임원퇴직금한도규정을 두어 한도금액을 초과하는 금액에 대해서는 퇴직소득이 아닌 근로소득으로 과세한다.

6. 회사가 임의로 지급한 퇴직금은 업무무관가지급에 해당

세법은 회사가 지급하는 퇴직금은 해당 직원이 실제 퇴직한 때 또는 현실적인 퇴직사유에 해당되는 때에 한하여 퇴직금으로 인정한다. 이러한 사유 이외에 회사가 임의로 지급한 퇴직금은 업무무관가지급금으로 보아 업무무관가지급금 인정 이자 익금산입 및 지급이자 손금불산입규정이 적용되어 회사의 세 부담이 증가하게 된다.

실제 퇴직한 때란 회사와 직원 간의 고용관계가 종료된 것을 말하며, 현실적인 퇴직사유란 고용관계가 종료되지 않고 재직 중이라 하더라도 아래의 사유에 해당되어 회사가 퇴직금을 지급한 경우에는 적법한 퇴직금 지급으로 인정되는 것을 말한다.

〈현실적인 퇴직 사유〉

① 종업원이 임원이 된 경우
② 합병·분할 등 조직변경, 사업양도 또는 직·간접으로 출자관계에 있는 법인으로의 전출이 이루어진 경우
③ 법인의 상근임원이 비상근임원이 된 경우
④ 퇴직금중간정산 사유에 해당되는 경우
⑤ 법인의 임원이 향후 퇴직급여를 지급받지 아니하는 조건으로 급여를 연봉제로 전환하는 경우
⑥ 퇴직연금제도가 폐지되는 경우

원천징수란 무엇인가?

한국 경제에서 대기업이 전체 생산에서 차지하는 비율은 높으나, 사업체 수나 전체 고용률에 있어서는 중소기업이 차지하는 비중이 매우 높다.

이와 같이 중소기업에서 상당한 비중을 차지하는 인건비(또는 노무비 등)가 원천징수제도와 밀접한 관계가 있음을 감안하여, 회사가 관련 세법의 규정에 따라 어떻게 세무관리를 해줘야 하는지, 어느 부분을 유의하여야 하는지 원천징수제도 측면에서 살펴보기로 한다.

▶ 원천징수란 무엇인가?

사람을 고용하거나 한시적으로 노무를 제공받으면 그에 대한 대가를 지불하게 되는데 이를 통상적으로 인건비라고 한다.

이처럼 노무(勞務) 등의 대가로 지급하는 인건비는 회사 입장에서 '비용'이 되고, 노무를 제공한 개인에게는 '소득'이 된다.

해당 인건비는 지출하는 회사의 비용에 해당되어 법인세를 감소시키지만, 인건비를 받는 개인의 경우에는 소득이 되어 소득세라는 세금을 부담하여야 한다.

일반적으로 소득세 등은 소득이 있는 사람이 직접 신고·납부하여야 하나, 인건비 등을 지급하는 경우에는 회사가 인건비를 지급할 때 소득세 등 세금을 공제한 후의 금액을 근로자 등 개인에게 지급하고 공제한 세금은 근로자 등 개인을 대신하여 관할세무서장에 납부하는 방식을 '원천징수제도'라 한다.

이와 같이 원천징수제도를 통해 인건비를 지급하는 회사는 지급시점에 소득세를 공제하여 납부하고 원천징수 내역인 원천징수이행상황신고서 및 지급명세서를 관할세무서에 제출할 의무가 있다.

▶ 소득 구분에 따라 원천징수하는 방식도 다르다?

회사에서 지급하는 인건비는 소득세법에 따라 근로소득, 사업소득, 기타소득 등으로 구분되며 그 구분에 따라 세금을 부담하게 된다.

근로소득이란 고용관계나 이와 유사한 계약에 의해 근로용역을 제공하고 받는 대가를 말하는 것으로, 근로소득자는 다시 일반근로자와 일용근로자로 구분된다. 일용근로자란 일급 또는 시급을 받으며 성과에 따라 급여를 받는 사람을 말한다.

사업소득이란 회사와 고용 관계없이 독립된 자격으로 계속적·반복적인 인적용역 등을 제공하는 사람에게 지급되는 인건비를 말하며, 이외의 일시적·우발적인 경우에는 기타소득으로 분류된다.

〈소득 구분별 원천징수세액 계산〉

구분		원천징수세액 계산
근로소득	일반근로자	'간이세액표'에 의한 원천징수①
	일용근로자	(일당 − 일 10만 원) × 6% ×(1 − 45%)
사업소득		지급금액 × 3%
기타소득		(지급금액 − 필요경비②) × 20%

※ ① 매월 지급한 급여에 대해서 간이세액표에 의해 원천징수하고 다음 연도 2월에 연말정산을 하여 연말정산세액과 매월 간이세액표에 원천징수한 세액의 합계액의 차액에 대해서 추가징수 또는 환급을 함

② 원고료, 인세, 강연료 등 일부 기타소득에 대해서는 지급금액의 80%를 필요경비로 인정해 줌

원천징수할 세액을 계산할 때에는 총지급한 금액으로 세금을 계산하여 원천징수하는 것이 아니라 총지급액 중 비과세소득이 있다면 이를 제외한 금액에 대해 세금을 계산하는 것이다.

예를 들면, 근로소득의 경우, 매달 지급하는 월급여액이 250만 원(비과세소득 30만 원 포함)이라고 하자.

만약 회사가 매달 지급한 250만 원을 과세대상 소득으로 하여 세금을 징수하였다면, 이는 징수하여야 할 세금보다 더 많이 징수하는 결과를 가져오며, 더 나아가 4대 보험료를 과다 납부하게 되는 문제를 야기한다.

즉 회사는 매달 250만 원이라는 급여를 지급하였지만 비과세소득이 있는 경우에는 이를 차감한 220만 원(250만 원−30만 원)에 대한 세금을 급여에서 공제하고 이를 납부하면 된다.

따라서 식대, 자가운전보조금, 보육수당, 기업부설연구소 또는 전담부서 연구원의 연구보조비(또는 연구수당) 등의 비과세소득이 있는 경우에는 해당 비과세소득에 대해서는 소득세가 과세되지 않으며, 더 나아가 4대 보험료도 부과되지 않는다는 점을 기억해 둘 필요가 있다.

또한, 중소기업 우수인재 취업 등을 지원하기 위해서 청년근로자가 2013년 12월 31일 이전에 중소기업체에 취업한 경우에는 취업일부터 3년간 근로소득세의 전액을 감면받고, 청년근로자, 60세 이상인 사람 및 장애인이 2014년 1월 1일 이후부터 2015년 12월 31일까지 중소기업체에 취업하는 경우에는 근로소득세의 50%를 감면해 준다.

그리고 이 규정이 또 한 번 개정이 되어 청년근로자, 60세 이상인 사람 및 장애인이 2016년 1월 1일 이후부터 2018년 12월 31일까지 중소기업체에 취업하는 경우에는 근로소득세의 70%를 연 150만 원 한도 내에서 감면해 준다.

▶ 원천징수 의무자와 원천징수 의무

소득을 지급하는 자가 소득을 지급할 때 세금을 징수하여 납부하는 방식을 원천징수제도라 하였다. 세법에서는 소득을 지급하는 자를 원천징수의무자라 한다. 즉, 인건비를 지급하는 회사가 원천징수 의무자가 된다. 원천징수 의무자가 되면 원천징수 의무를 이행하여야 한다.

원천징수 의무란 원천징수 의무자가 소득을 지급할 때 세금을 원천징수하여 납부하여야 할 의무 및 원천징수 대상 소득과 원천징수세액을 기재한 원천징수이행상황신고서 및 원천징수대상 소득에 대한 지급명세서를 제출하여야 할 의무를 말한다.

⟨원천징수 의무자의 원천징수 의무⟩

소득을 지급할 때 세금을 징수하여 다음 달 10일까지 납부
원천징수이행상황신고서 제출의무 : 소득지급 내역과 원천징수 내역을 기재하여 다음 달 10일까지 관할세무서장에 제출
지급명세서 제출의무 : 개인별 소득지급 내역자료인 지급명세서(원천징수영수증)를 소득별로 아래의 기한 내 제출 • 근로·퇴직·사업소득 : 다음 연도 3월 10일까지 • 기타소득 : 다음 연도 2월 말까지 • 일용근로소득 : 매 분기의 마지막 달의 다음 달 말일(4분기 일용근로소득은 다음 연도 2월 말까지)

상기와 같이 회사가 인건비를 지급하면서 원천징수 의무를 이행하지 않는 경우에는 원천징수 미이행에 따른 원천징수납부불성실가산세 및 지급명세서 제출불성실가산세가 회사에 부과된다.

⟨원천징수 의무 불이행에 따른 가산세⟩

	원천징수납부불성실가산세 → ①과 ② 중 작은 금액 ① 미납·과소납부세액×3% + 미납·과소납부세액×미납일수×(3/10000) ② 미납·과소납부세액×10%
지급명세서를 제출하여야 할 자(회사)가 기한까지 이를 제출하지 아니하였거나 제출된 지급명세서가 불분명한 경우	• 지급명세서 제출 불성실 가산세 – 미제출·불분명한 지급금액의 2% ※ 제출기한이 지난 후 3개월(법인의 경우 1개월) 이내에 제출하는 경우에는 지급금액의 1%에 해당하는 금액으로 함

원천징수 의무를 이행하지 못한 인건비라도 지급 사실을 증명할 수 있는 증빙서류가 있다면 회사 비용으로 인정받을 수 있다.

회사는 일반적으로 필요한 자재나 사무용품 등을 사는 경우에는 돈을 지불하고 세금계산서, 신용카드매출전표 또는 현금영수증 등을 지출증빙서류로 수취 및 보관하고 있듯이, 인건비의 지출증빙서류로서 해당 직원의 주민등록증 등의 개인 인적사항과 지출 사실을 증명할 수 있는 원천징수 의무 이행 및 지급근거(지급명세서 제출, 계좌이체 등 금융지급증빙 등)를 비치 및 보관하고 있어야 한다.

그러나 종종 부득이한 사유에 의해 원천징수 의무를 이행하지 않고 인건비를 지급하는 경우도 발생한다.

'사람을 고용하고 인건비를 지출하였으나 세금신고를 하지 못하였다면 인건비로 비용 인정을 받지 못하는 것일까?'

아니다. 세금을 신고하지 못하였더라도 지출한 사실을 증명할 수 있다면 인건비로 경비 인정을 받을 수 있다

일반적으로 인건비를 지출하는 경우에는 해당 소득자에 대하여 대가를 지급할 때 소득세를 원천징수하여 납부하고 원천징수이행상황신고서와 지급명세서를 원천징수 관할세무서장에 제출하여야 하고, 해당 지급명세서 등 지급증빙서류를 인건비 지출증빙서류로 보관 · 관리하고 있어야 한다.

그러나 이와 같이 인건비에 대해 원천징수 의무를 이행하지 못하여 세금을 납부하지 못했고 지급명세서 등을 제출하지 못한 경우에는 소득을 지급받은 자의 주소, 성

명, 주민등록번호 등 인적사항이 확인되고 소득을 지급받은 자가 서명 날인한 확인서, 계좌이체 등 급여 지급내역 등 관련증빙 등에 의하여 인건비 지급 또는 거래된 사실이 실제로 확인되면 해당 비용을 인건비로 인정받을 수 있다.

다만, 이 경우에도 회사가 원천징수 의무를 이행하지 못한 것에 대한 원천징수납부불성실가산세 및 지급명세서 미제출·불분명가산세는 부담하게 된다.

생활법률 I

박승기 변호사
- 법무법인 이강
- 사단법인 전국신문사협회 자문변호사

깡통주택과 주택 임차인의 보증금 보호

정부가 2014년 8월 주택시장 활성화 및 경기 부양을 위해서 LTV(Loan To Value ratio, 주택담보대출비율)와 DTI(Debt To Income ratio, 총부채상환비율)를 완화하자 주택담보대출이 크게 증가하게 되었다.

전세난에 지친 실수요자의 주택 구입 가능성을 높인다는 측면에서는 순기능을 기대할 수 있겠지만 주택시장 활성화에 따라 투기 목적으로 최대한의 대출을 받아 주택을 구입한 사람이 무주택자에게 임차한 경우에는 임차인들이 전세보증금을 회수하는 데 어려움이 발생하기도 한다.

위와 같은 문제에서 서민들을 보호하기 위하여 최소한의 장치로 소액임차보증금 보호제도가 있다. 소액임차보증금의 보호범위에 포함될 경우 경매절차에서 선순위 담보권자보다 우선 배당을 받게 되지만, 최선순위 담보권자의 설정일자와 지역에 따라 보호대상자와 보호되는 금액이 달라지므로 주의를 요한다.

A씨는 2016년 4월 1일 세종시 소재 주택을 보증금 6,000만 원에 전세계약을 체결하고 당일에 전입신고를 하였다. 그런데 A씨가 임차한 주택에 2010년 11월 1일 B은행이 1순위 근저당권을 설정한 상태였다면 A씨

는 소액임차인으로 보호받을 수 있을까? 보호받는다면 우선변제금은 얼마일까?

정답은 A씨의 경우 소액임차인에 해당되지 않아서 보호받을 수 있는 금액이 없다는 것이다.

주택임대차보호법 및 동법 시행령을 정리한 아래 표를 보고 사례를 검토해 보자.

최초담보물권 설정일지	지 역	보증금 범위	우선변제금액
2010. 07. 26.~	서울특별시	7,500만 원 이하	2,500만 원
	수도권 중 과밀억제권역	6,500만 원 이하	2,200만 원
	광역시(군제외), 용인, 안산, 김포, 광주	5,500만 원 이하	1,900만 원
	기타 지역	4,000만 원 이하	1,400만 원
2014. 01. 01.~	서울특별시	9,500만 원 이하	3,200만 원
	수도권 중 과밀억제권역	8,000만 원 이하	2,700만 원
	광역시(군제외), 용인, 안산, 김포, 광주	6,000만 원 이하	2,000만 원
	기타 지역	4,500만 원 이하	1,500만 원

A씨가 임대차 계약을 체결한 시점에 선순위 담보권자가 없다면 보증금 6,000만 원 중 2,000만 원까지는 우선변제받을 수 있지만 1순위 담보권

	임차인
법률상 손해배상책임발생 여부	○
실거주지	○
증권상 기재된 주택	×
보험회사 보상여부	×

경제야 다시 놀자

자 B은행의 근저당권이 존재하므로 그 설정일인 2010년 11월 1일 기준으로 보증금 4,000만 원 이하의 임차인만 보증금 1,400만 원을 보호받을 수 있다. 최선순위 담보권자에 우선해서 보증금의 일정액을 보장하더라도 적어도 최선순위 담보권자의 기대권 내지 예측가능성은 보호해 주어야 하기 때문이다.

따라서 담보권이 설정된 주택을 임차하고자 하는 사람들은 아래와 같은 매뉴얼을 지켜야 피해를 최소화할 수 있다.

첫째, 우선 부동산등기부등본을 살펴보고 채권최고액을 살펴보아야 한다. 또한 소유자가 이미 발생한 세금이나 4대 보험 등을 체납하게 되면 경매절차에서 우선배당받게 되므로 소유자의 세금 체납에 관한 사실증명과 4대 보험 미납내역서를 요구하거나 미납 국세·지방세 열람신청 등을 통해 확인할 필요성이 있다.

위와 같은 확인절차를 거쳐 주택 시세에 비하여 과도한 담보대출과 세금 등 체납액이 존재할 경우 깡통주택일 가능성이 농후하므로 주변 시세에 비해 보증금이 적더라도 과감하게 포기해야 한다.

그리고 세금 체납 등의 경우에는 소액일지라도 임대차계약서에 '잔금지급일 전까지 체납 세금을 완납하고 임차인에게 완납증명원 등을 교부한다'는 특약사항을 기재하여 임대인의 의무를 확실하게 해두자.

둘째, 입주를 결정하고 임대차계약을 체결하기로 한 경우에는 반드시 주택임대차보호법 제3조의 2에 따라 전입신고와 임대차계약서상에 확정일자를 받아두는 것이 중요하다. 그럴 경우 마치 저당권자 유사의 권리를 인정받아서 후순위 담보권자나 일반 채권자보다 우선해서 보증금을 변제받을 수 있기 때문이다. 사례에서 A씨가 확정일자를 받아둔다면 A씨보다

늦게 담보권을 설정한 자보다는 우선변제받을 수 있다.

셋째, 소액보증금으로 보호받을 수 있는 금액을 고려한다면, 앞서 살펴본 바와 같이 최선순위 담보권자의 설정일자와 지역에 따른 내용을 확인하고 자신이 어느 구간에 속하는지 잘 살펴서 임대차계약을 체결할지 여부를 결정해야 한다. 즉, 자신이 임대차계약을 체결한 시점을 기준으로 고려해서는 안 된다는 점을 명심하자.

그런데 잘못된 탐욕의 발로로, 임대인이 허위의 소액임대차계약을 체결해 두는 경우가 있다. 부동산이 경매될 경우, 소액임차인에게 우선 배당되는 점을 노려 허위로 임대차계약을 체결해 두고 배당금 상당액을 빼돌리기 위해서이다.

그런데 그런 사례들이 왕왕 존재하기 때문에 금융기관이나 채권자들도 호락호락 당하지 않고 '배당이의 소' 등을 통해 허위 임차인임을 밝혀내고 있다.

자칫 사기죄 등으로 형사처벌을 받기도 하므로 헛되고 부당한 욕심으로 제도를 악용하는 일은 없어야겠다. 권리 위에 잠자는 자는 보호받지 못한다! 금쪽같은 나의 자산과 인생을 지키기 위해서는 돌다리도 두들겨보는 신중함이 필요하다. 그리고 권리행사는 언제나 정당한 방법으로 행할 때 권리로서 보호받을 수 있다는 점도 명심하자.

도시계획지역에 대한 투자와 유의점

A씨는 2011년 부동산 컨설팅업자로부터 "도시계획시설(도로)로 편입될 빌라가 있는데 6개월 내에 편입되면 보상금뿐만 아니라 서울 강남 지역인 세곡·내곡·우면 지구 중 33평 아파트 장기전세입주권을 얻는다"라는 설명을 듣고 실제 주택가격에 프리미엄 명목으로 상당한 금액을 더한 가격으로 빌라를 구입하였다.

당시 부동산 컨설팅업자는 A씨에게 지적도와 서울시의 '도시계획시설 결정 및 지형도면 승인 고시'까지 제시하였고, 자료를 본 A씨는 컨설팅업자를 신뢰하였다. 더군다나 컨설팅업자는 보상금의 최소액을 보장한다고 감언이설하였고, 서울시의 보상금이 예상보다 적을 경우에는 자신의 회사가 부족분을 메워주겠다고까지 했다.

그런데 위 빌라는 5년이 지난 현재까지 도로로 편입되지 않았고, A씨는 주택가격보다 더 많은 프리미엄 상당액의 손실을 보았으며 빌라는 수년간 매각되지 않았다.

사실 A씨가 구입한 위 빌라의 토지와 관련해서 서울시가 도시계획시설로 승인하여 고시한 적은 있다. 그런데 부동산 컨설팅업자가 제시한 서울시의 '도시계획시설(도로) 결정 및 지형도면 승인 고시'를 잘 살펴보면 도로로 승인된 부분은 빌라 건물이 세워진 토지가 아니라 그 토지에 연접(連接)한 다른 토지의 일부였다. 결국 A씨가 구입한 빌라 건물 자체가 수용되어 철거될 사안은 아니었던 것이다.

일반인의 경우 지적도나 복잡하게 얽히고설킨 도로와 대지, 건물에 관한 지형도를 꼼꼼하고 정확하게 판별할 수 없다는 점을 이용한 전형적인 사기행각에 A씨는 막대한 피해를 입게 되었다.

A씨의 기대대로, 서울시는 도시계획철거민에 대한 특별공급으로 장기전세주택(SHIFT) 입주권을 제공하고 있다. 즉, 공공목적으로 주택이 도로, 주차장 및 공원 등의 시설로 편입되어 철거될 경우 철거민의 주거안정을 위해 SH공사가 시행한 아파트를 공급하는 것이다.

장기전세주택은 전세기간 최장 20년으로 장기간 이사를 하지 않아 주거안정이 보장되고, 전세보증금은 주변 시세의 80% 이하로 저렴하기 때문에 전세난과 주택 가격의 80%에 상당하는 전세보증금을 마련하기 힘든 서울시의 무주택자들에게는 좋은 조건의 입주권이다. 더 나아가 철거민의 경우 입주할 지구를 선택할 수 있다는 장점까지 있어서 철거예정지구에 대한 투자광고를 왕왕 볼 수 있다.

그에 따라 A씨는 8,000만 원에 달하는 프리미엄이 아깝지 않았고, 6개월의 단기간 내에 보상금이 나온다는 말을 철썩같이 믿고 빌라를 매입한 것이다.

많은 사람들이 부동산 재테크 방편으로 재개발·재건축 그리고 도시계획시설 예정지역을 찾는다.

그러나 재개발·재건축, 도시계획시설 관련한 법령은 매우 복잡하고,

많은 단계와 절차를 거쳐 최종 목적을 달성할 수 있으며, 특정 단계를 지나게 되면 공동의 목적을 위해 개개인의 재산권 행사는 상당 기간 제한되거나 권리의 내용 자체가 변경되므로 투자에 앞서 반드시 해당 분야의 전문가에게 자문을 구해야 한다.

특히 재개발·재건축으로 인한 분양권의 경우, 채권에 불과하기 때문에 부동산등기부등본과 같이 매수자의 권리를 공시할 수 있는 방법이 전혀 없으므로 분양권을 매입하기 전에 반드시 개개발조합이나 정비조합을 방문해서 분양권 자체에 대한 가압류 또는 가처분 결정이 있는지 확인해야 하고, 폐쇄된 부동산등기부등본을 반드시 발급받아 철거로 인한 폐쇄등기 상시 부동산에 대한 근저당권 또는 가압류·가처분 등의 권리 제한 사유가 있는지 확인해야 한다.

멸실된 부동산에 설정되어 있던 근저당권이나 권리제한 사유는 재개발 또는 재건축을 통해 신축한 부동산에 그대로 유지되기 때문이다.

안타깝게도 투자 관련 영역에서 많은 사기 피해자들을 만나게 된다. 투자를 제안받을 때는 근거자료를 반드시 모아두고, 그 근거가 정확한 것인지 전문가를 통해 확인해 보자.

또한 부동산 컨설팅업체라도 부동산 중개를 할 수 있는 것은 아니다. 물론 그 업체의 법인등기사항전부증명서상에는 사업 목적에 '부동산임대, 부동산 중개' 등이 등재되어 있겠지만 중개사무소 개설 등록을 하지 않고 부동산 중개를 하는 것은 공인중개사법위반의 범죄행위이다. 따라서 부동산 컨설팅업체가 중개사무소를 개설했는지 여부를 확인하는 것도 그 업체의 신뢰성을 확인하는 단서가 될 것이다.

영업 승계와 행정처분의
승계 문제

김 씨가 얼마 전 변호사 사무실로 찾아왔다. 1년 전 서울 중심가에 있는 유명한 식당을 권리금 10억 원을 주고 양수하여 영업을 잘하고 있는데 갑자기 관할 관청으로부터 식품위생업법 위반으로 영업정지 행정처분을 받게 되었다는 것이다.

그런데 김 씨는 영업을 승계받은 이후에 관할 관청으로부터 영업정지 행정처분을 받을 만한 법 위반을 한 사실이 없었다. 김 씨가 수소문하여 알아보니 김 씨 가게의 장사가 너무 잘되어 인근 상인 중 누군가가 관할 관청에 민원을 제기하였고 관할 관청은 김 씨 식당을 실사한 후 김 씨에게 "영업장의 면적을 변경하고 변경신고를 하지 않음"을 위반내용으로 하여 영업정지 7일 처분을 하였던 것이다.

그러나 종전 영업주가 불법으로 사업장을 확장하여 사용하던 것을 알지 못하였다는 김 씨의 억울한 사정은 영업정지 처분을 막을 사유가 되지 못했다.

김 씨가 구청의 처분으로 7일 동안 영업을 하지 못해 발생하는 손해도 막대하지만 김 씨가 위법상태를 제거하지 못하고 계속 영업해야 되는 사정이 있는 경우 김 씨는 관할 관청으로부터 최종적으로 영업허가 취소, 영업장 폐쇄 등의 처분을 받을 수 있다.

이럴 경우 김 씨는 어떻게 자신의 권리를 보호해야 할까?

첫째, 행정심판 및 행정소송을 제기하여 처분의 취소 또는 변경을 구할 수 있다. 그런데 영업승계가 있는 경우 종전 영업자의 법 위반 사실에 대한 행정처분의 효과는 영업양수인에게 승계되기 때문에 관할 관청이 처분 재량을 남용·일탈하였다는 특별한 사정이 없는 한 영업정지 처분이 취소되기는 어렵다.

둘째, 종전 영업주가 법 위반 사실이 있어 행정처분을 받을 위험이 있다는 사실을 알렸다면 김 씨는 10억이라는 거액의 권리금을 주고 식당을 인수하지 않았을 것이다. 따라서 김 씨는 묵시적 기망 또는 착오를 이유로 종전 영업주를 상대로 제척기간이 도과하지 않았을 경우 계약취소 및 권리금 반환의 민사소송을 제기할 수 있다.

하지만 이와 같은 법적인 조치는 시간이 오래 걸릴 뿐 아니라 종전 영업주의 재산 상태에 따라서 실효적인 권리구제 수단이 되지 못할 가능성도 있다.

따라서 영업을 승계받을 경우 미리 종전 영업주가 승계될 행정재제를 받은 사실이 있는지, 영업장에 불법시설물은 없는지 확인하여 불이익을 당할 위험을 미연에 방지할 필요가 있다.

그 방법으로는 우선 관할 관청에 문의하거나 인터넷 '새올 전자민원 창구 행정처분 공개'란에 접속하여 종전 영업주의 행정재제 유무 및 내용을 확인하는 것이다.

  그리고 공인중개사를 통하여 영업장을 중개받은 경우 공인중개사는 공인중개사법 제25조 제1항에 따라 법령의 규정에 의한 거래 또는 이용제한 사항을 토지대장 등본 또는 부동산종합증명서 등의 설명 근거자료를 제시하여 중개 대상물에 대하여 설명할 의무가 있으므로 영업을 양수하려는 자는 영업장에 불법 시설물이 없는지 꼼꼼히 확인할 필요가 있다.

상호권·상표권 침해와 대응방법

　김 사장은 10여 년 전부터 'A'라는 상호로 근사한 레스토랑을 운영하고 있다. 고객의 눈높이와 다양한 수요를 벤치마킹하고 꾸준히 메뉴를 개발해서 파워블로거라면 누구나 한번쯤 들러서 요리를 포스팅하고 TV의 맛집 프로에도 여러 차례 소개되어 상당한 지명도를 얻게 됐다.
　그러자 김 사장은 몇 년 전 자신의 상호를 법적으로 보호받기 위해서 'A'라는 상표를 출원하여 상표등록까지 마치게 되었고, 이로써 김 사장은 등록상표를 사용할 독점적 권리를 취득했다.
　김 씨는 어느 날 유명한 포털사이트에 자신의 상호를 검색해 보았다. 그런데 이게 웬일인가? 자신의 레스토랑 상호를 사용하는 동종 레스토랑이 전국에 10여 개나 있고, 그중 한 업체는 A라는 상호로 체인점까지 모집하고 있었다.
　오랜 기간 많은 비용과 노력을 기울여 오늘의 유명세를 얻었고, 법적으로 보호받기 위해서 상표권 등록까지 한 김 사장은 어떻게 대응할 수 있을까?
　상표법 제89조는 '상표권자는 지정상품에 관하여 그 등록상표를 사용할 권리를 독점한다. 다만, 그 상표권에 관하여 전용사용권을 설정할 때에는 전용사용권자가 등록상표를 사용할 권리를 독점하는 범위 안에서는 그러하지 아니하다'라고 규정하고 있고, 같은 법 제107조를 살펴보면 '① 상표권자 또는 전용사용권자는 자기의 권리를 침해한 자 또는 침해할 우려가 있는 자에 대하여 그 침해의 금지 또는 예방을 청구할 수 있다. ② 상표권자 또는 전용사용권자는 제1항에 따른 청구를 할 경우에는 침해행위를 조성한 물건의 폐기, 침해행위에 제공된 설비의 제거나 그 밖에 필요한 조치를 취할 수 있다'라고 규정하고 있으며, 같은 법 제230조는 상표권을 침해한 자에 대하여 7년 이하의 징역 또는 1억 원 이하의 벌금에 처할 수 있도록 하여 형사처벌에 관한 규정까지 두고 있다.

또한 상표권자는 등록상표를 사용할 때 그 상표가 등록된 상표임을 표시할 수 있고, 이 경우 상표법 제112조는 타인의 상표권을 침해한 자가 자신의 침해행위가 고의임을 추정하도록 규정하고 있어 상표권자를 강력하게 보호하고 있다.

결국 김 사장은 자신의 등록상표를 사용한 다른 레스토랑의 대표자를 상대로 상표법위반 혐의로 형사고소할 수 있고, 민사적으로 자신의 등록상표 사용금지, 인터넷 포털사이트에서 검색되지 않도록 조치를 요구할 권리 등을 갖는다. 그 외에도 김 사장은 상표권침해자에 대하여 손해배상을 청구할 수 있다.

일반적으로 손해배상청구는 입증에 있어서 상당히 까다로운 소송에 속한다. 손해 발생 사실뿐 아니라 손해액까지 입증해야 배상판결이 나기 때문이다. 특히 영업자의 경우 증명이 어려운 현금 매출이 많을 시 실제 손해액보다 훨씬 적은 배상액에 만족해야 하는 경우가 허다하다.

그런데 상표법은 제110조에서 손해액을 추정하는 다양한 내용을 두어 상표권 침해를 받은 사람의 입증책임을 경감시켜 주고 있으며, 특히 제111조는 '상표권자 또는 전용사용권자는 자기가 사용하고 있는 등록상표와 같거나 동일성이 있는 상표를 그 지정상품과 같거나 동일성이 있는 상품에 사용하여 자기의 상표권 또는 전용사용권을 고의나 과실로 침해한 자에 대하여 5,000만 원 이하의 범위에서 상당한 금액을 손해액으로 하여 배상을 청구할 수 있다. 이 경우 법원은 변론 전체의 취지와 증거조사 결과를 고려하여 상당한 손해액을 인정할 수 있다'라고 규정함으로써 법정손해배상액을 청구할 수 있는 길로 열어두어 상표권자의 손해배상액에 관한 입증부담을 완화시킴으로써 상표권자의 재산권을 두텁게 보호하고 있다.

그러므로 김 사장은 통상의 손해배상청구 방식에 따라 본인의 손해액을 전부 입증하여 손해배상을 청구할 수 있고, 상표법이 정하는 방법에 따라 침해자의 침해행위로 얻은 이익 또는 통상의 상표권사용료 등에 상당하는 추정손해액을 청구하거나 5,000만 원 이하의 법정손해액을 청구하는 등 보다 용이한 방법으로 손해배상을 청구할 수도 있다.

만약 김 사장이 상표등록이 아니라 상호등록을 하였다면, 김 사장은 민법 제750조 및 상법 제23조에 근거해 손해배상을 청구할 수 있고 부정경쟁방지법 위반 여부를 검토할 수 있다.

절도, 사기 등 일반적으로 알려진 재산범죄뿐 아니라 타인의 상호 내지 상표를 무단으로 사용하는 행위도 지적재산권을 침해하는 범죄행위에 해당할 수 있음을 유의해야 한다.

부동산 명의신탁의
제 문제에 대한 소고

1. 부동산 명의신탁과 횡령죄의 성립 여부

A씨는 2004년 다른 사람들과 함께 충남 서산에 있는 토지를 4억 9천만 원에 구입했다. 매매대금 4억 9천만 원 중 A씨가 1억 9천만 원을, 피해자 B씨를 포함하여 4명이 각 3억 원씩 부담했고, 소유권 등기는 곧바로 A씨 앞으로 해두었다. 그런데 A씨가 2007년경 제3자로부터 금전을 빌리면서 피해자들의 허락을 받지 않고 무단으로 토지에 근저당권을 설정해 주었고, 그 후 다른 금융기관에 또 다른 근저당권을 설정해 주었다. 이 경우 A씨는 피해자들과의 관계에서 횡령죄가 성립할까?

종전에는 A씨는 횡령죄로 처벌받아야 했으나 대법원 전원합의체는 2016년 5월 19일 대법관 전원의 일치된 의견으로 횡령죄가 아니라 보고 횡령죄를 인정했던 종전의 판례를 모두 폐기했다.

대법원이 종전 판례를 변경하여 A씨에 대하여 무죄로 판시한 이유는 무엇일까?

우리 형법상 횡령죄가 성립하기 위해선 '타인의 재물을 보관하는 자'가 타인의 신임관계에 반해서 그 재물을 처분해야 한다.

그러나 명의신탁약정과 명의신탁으로 인한 부동산 물권변동은 모두 무효라고 규정한 부동산 실권리자명의 등기에 관한 법률에 따르면, 명의수탁자 명의의 소유권이전등기는 무효가 되고, 신탁부동산의 소유권은 매도인이 그대로 보유하게 되므로, 명의신탁자는 신탁부동산의 소유권을 가진 적이 없게 되어 명의수탁자는 '신탁자의 재물을 보관하는 자'에 해당할 수 없게 된다.

그러므로 피해자들은 A씨에 대해 형사 책임을 물을 수는 없고 민사상 손해배상책임이나 부당이득반환을 청구할 수밖에 없다.

그러나 명의신탁에는 여러 형태가 있기 때문에 모든 명의수탁자의 처분행위가 횡령죄에서 자유로운 것은 아니다.

각각의 명의신탁 유형과 횡령죄 성립 여부를 살펴보자.

첫째, 자신의 이름으로 소유권등기가 되어 있던 부동산을 다른 사람에게 명의신탁하는 경우로서 '2자 간 명의신탁'이라 한다. 이때 명의수탁자가 신탁부동산을 처분할 경우 신탁자에 대한 관계에서 횡령죄가 성립하므로 주의를 요한다. 명의신탁약정과 명의수탁자의 소유권이전등기는 모두 무효이므로 신탁부동산의 소유권은 그대로 명의신탁자가 보유하고 있기 때문이다.

둘째, 명의수탁자가 직접 매매당사자가 되어서 매도인과 부동산매매계약을 체결하고 그 명의로 소유권등기를 마치는 경우로서 '계약명의신탁'이라 한다. 계약명의신탁은 매도인이 명의신탁의 존재를 아는 경우와 모르는 경우로 나눠진다. 전자의 경우 명의신탁자는 신탁부동산의 소유권을 가진 적이 없게 되므로 명의수탁자가 그 부동산을 처분하더라도 사례의 경우처럼 횡령죄가 성립하지 않는다. 반면, 매도인이 명의신탁의 존재를 알지 못하는 경우에는 부동산실명법 제4조 제2항 단서에 의하여 명의수탁자는 부동산의 소유권을 완벽하게 취득하게 되므로 횡령죄가 성립할 수 없다. 즉, 명의수탁자는 자신의 부동산을 처분하는 결과가 되므로 횡령죄의 주체가 될 수 없다.

결국 계약명의신탁의 경우에는 어느 경우에 의하더라도 명의수탁자의 처분행위가 횡령죄를 구성하지 않는다.

셋째, 명의신탁자가 매도인과 매매계약을 체결하고 등기명의만 명의수탁자에게 이전하는 경우로서 '3자 간 명의신탁' 또는 '중간생략형 명의신탁'이라 하고, 사례가 여기에 해당한다. 따라서 2자 간 명의신탁 외의 다른 유형의 명의신탁에서는 명의신탁자가 부동산의 소유권을 취득한 사실이 없게 된다. 그러므로 명의수탁자가 마음대로 신탁부동산을 매각하거나 이를 담보로 근저당권 등을 설정해 주더라도 명의신탁자에 대한 관계에서 횡령죄가 성립하지 않고, 명의신탁자는 보호받을 수 없게 된다. 최근 대법원 전원합의체 판결은 부동산실명법의 입법 취지를 존중해 명의신탁자가 보호받을 수 있는 범위를 줄임과 동시에 민사상 소유권 법리와 형법상 횡령죄가 보호하는 신탁부동산의 소유자 개념을 통일적으로 해석한 지극히 마땅한 판결이라 할 것이다.

한편, 부동산실명법상 명의신탁이 무효라 하더라도 그 무효를 가지고 제3자에게 대항할 수 없다. 즉, 사례에서 근저당권자는 명의수탁자인 A씨뿐만 아니라 명의신탁자인 피해자들이나 그 누구에 대해서도 근저당권의 유효를 주장할 수 있다.

특히, 2자 간 명의신탁에서 명의수탁자의 처분행위를 횡령죄로 처벌할 수 있다고 하더라도, 그 명의수탁자로부터 부동산을 매수한 사람이나 근저당권자도 명의신탁자에게 유효를 주장할 수 있으므로 명의신탁자는 그 부동산의 소유권을 상실하게 되거나 근저당권자의 채권 최고액에 상당하는 손해를 입게 된다는 점을 주의해야 한다.

2. 수탁자의 부동산 처분 시 신탁자 보호 방안

형사 문제를 떠나 부동산의 소유명의를 다른 사람에게 맡겨두려는 신탁자들은 저마다 다른 사정들이 있을 것이고, 가장 신뢰할 수 있는 사람 중 한 명을 수탁자로 해서 명의를 맡겨두기 마련이다.

그럼에도 불구하고 수탁자가 신탁자의 신뢰에 반하여 부동산을 처분하였을 경우, 이제 수탁자를 횡령죄로 처벌할 수는 없다.

그렇다면 신탁자의 민사상 보호 방안은 있을까?

이미 제3자에게 처분하였다면 앞서 살펴본 것처럼 제3자는 유효하게 부동산의 소유권을 취득하고 그 누구에게도 대항할 수 있으므로 부동산 자체에 대한 신탁자의 보호 방안은 없다고 보아야 한다.

다만, 수탁자는 그 부동산 매매대금 상당액을 부당이득한 것이므로 신탁자는 수탁자를 상대로 부당이득을 반환할 것을 청구할 수 있을 뿐이다.

3. 수탁자가 부동산을 보유하고 있는 경우 신탁자 보호 방안

먼저, 2자 간 명의신탁의 경우 신탁자는 수탁자를 상대로 수탁자 명의의 소유권이전등기말소 등을 청구해서 원래의 소유권을 회복할 수 있다.

둘째, 3자 간 명의신탁의 경우 그 부동산의 소유권은 법률적으로 여전히 매도인에게 남아 있다. 일반인의 입장에서는 이해하기 어려울 수 있지만, 명의신탁과 그로 인한 물권변동은 무효이기 때문에 여전히 매도인이 소유자인 것이다.

이 경우 신탁자는 매도인을 대신해서 수탁자를 상대로 소유권이전등기 말소를 청구하고, 동시에 매도인을 상대로 신탁자에게 소유권이전등기를 해달라고 청구해야 한다. 매도인과 신탁자 사이의 매매계약은 여전히 유효하기 때문이다.

셋째, 계약명의신탁의 경우에는 매도인과 신탁자 사이에 매매계약이 전혀 없었기 때문에 신탁자는 수탁자가 부동산을 처분한 경우와 마찬가지로 수탁자를 상대로 매매대금 상당액의 부당이득 반환을 청구할 수밖에 없다.

4. 분양권 명의신탁의 경우 주의할 점

아파트 분양권 명의신탁의 경우에는 특별한 주의가 필요하다.

분양권 명의신탁의 경우도 부동산 물권취득에 관한 명의신탁이기 때문에 부동산 실권리자명의 등기에 관한 법률이 적용된다.

그런데 분양권의 경우, 아파트가 완공되어 등기하기 전까지는 채권에 불과한 것이기 때문에 신탁자가 자신의 권리를 보호하기 위해서 취할 수 있는 법적인 조치가 한정적이고, 가처분이나 가압류 결정을 받더라도 부동산등기처럼 일반인에게 알릴 수 있는 방법도 없기 때문이다.

5. 결 론

부득이 부동산 명의신탁을 할 수밖에 없는 상황이 닥친다면 반드시 그

법률적 효과 등을 알아보고 자신의 손해를 최소화할 수 있는 조치를 취해 두어야 한다.

그리고 한 가지 더 주의해야 할 점이 있다. 다행히 명의신탁자가 부동산의 소유권을 온전하게 회복한다고 하더라도, 부동산실명법은 부동산가액의 30% 이내의 범위에서 과징금을 부과하도록 규정하고 있고 명의신탁자뿐만 아니라 명의수탁자도 징역형이나 벌금형에 처하도록 되어 있다는 것이다.

따라서 명의신탁은 더 이상 절세 또는 강제집행 면탈 등의 재테크의 방편이 될 수 없음은 물론이고, 오히려 재산과 명예를 모두 잃는 지름길임을 잊지 말아야 한다.

도산 위기 탈출과 개인회생

한국 사회의 경기침체가 지속화되고 있고, 청년들뿐만 아니라 중년, 노년에 이르기까지 일자리 문제는 쉽게 해결될 수 있는 상황이 아니다 보니, 속칭 금수저를 물려받지 못한 서민들의 체감경기는 더욱 나빠질 것으로 예상된다. 현실상황이 이렇다면 적극적으로 자산을 불리는 것 이상으로 부채 관리가 중요해진다.

즉, 재무 설계는 더 이상 재산증식 목적에 국한된 영역이 아니라 부채관리 및 감소 목적으로 적극 고려해야 하고, 단순 절약으로 해결할 수 없는 과도한 부채로 가정이 해체될 위기까지 다다를 경우에는 법이 규정하는 도산절차를 고려해 봐야 한다.

특히 일정한 소득을 얻는 사람이 원금은커녕 이자까지 감당하기 어려워 빚을 내 또 다른 빚을 갚아야 하는 지급불능 상태에 이르렀다면 개인회생절차를 고려해 볼 수 있다.

아래의 사례를 통해 간략하게 개인회생제도를 살펴보자.

회사원 A씨는 몇 년 전 사업을 하던 아버지에 대한 채권자의 요구로 보증을 서게 되었다. 이후 아버지의 사업 실패로 채권자는 A씨에게 보증채무를 이행할 것을 요구하였고 액수는 원금 2억 원에 매월 이자 200만 원에 달한다. 월 300만 원의 급여를 받는 A씨는 현재 학자금 대출과 전세자금 대출금을 변제해 가며 3살된 자녀와 배우자를 부양하느라 저축은 꿈도 못 꾸는데 아무리 허리띠를 졸라매고 생활한다 하더라도 보증채무를 이행하기란 불가능한 상황이다.

A씨가 개인회생절차를 통하여 채무를 변제하려면 변제기간과 매월 변제금액은 얼마나 될까?

A씨는 원칙적으로 미성년 자녀만을 피부양자로 하여 매월 급여에서 보건복지부장관이 고시한 2016년 2인 가구의 기준 중위소득인 2,766,604원의 60%인 약 166만 원을 생계비로 인정받을 수 있고 나머지 금액인 134만 원을 60개월 동안 변제해야 한다.

만약 A씨이 배우자가 지병으로 인하여 경제활동을 할 수 없는 상황이라면 배우자도 피부양자로 하여 3인 가구 기준 중위소득의 60%인 약 210만 원을 생계비로 사용하고 나머지 90만 원을 변제하는 것으로 나머지 채무를 면책받을 수 있다.

그러나 A씨가 재산을 소유하고 있다면 상황이 달라진다. 예컨대 A씨의 실질적 재산이 1억 원이라면 매월 약 186만 원을 변제해야 한다.

채무자의 소득과 피부양자의 수를 참작하더라도 채무자가 신청 당시 가진 재산적 가치 이상의 금액을 변제해야 하기 때문이다. 개인회생제도가 채권자의 희생을 바탕으로 성실하지만 불운한 채무자에게 경제적 갱생의 기회를 주는 제도라는 점을 고려한다면 수긍할 수 있는 대목이다.

그 외에도 개인회생 절차는 담보부 채권액 10억 원과 무담보부 채권액 5억 원 이하의 채무를 부담한 사람만 이용할 수 있다. 담보부 채권이 10

억 원을 초과하거나 무담보부 채권이 5억 원을 초과한다면 간이회생절차(채무액 30억 원 이하)나 회생절차(채무액 30억 원 초과)를 이용할 수밖에 없다.

간혹 비전문가의 무지 또는 법조 브로커의 농간으로 자신이 개인회생 요건을 갖추지 못하였음에도 그와 같은 사실을 알지 못한 채 개인회생을 신청해서 물심양면의 피해를 보는 분들도 있다. 최근 법원과 검찰이 이런 문제점을 인식하고 법조 브로커 근절을 위해 노력하고 있지만 개개인의 주의가 더욱 중요하다고 하지 않을 수 없다.

또한 개인회생절차 개시신청을 해서 개시결정과 인가결정을 받고 변제계획안에 따라 열심히 변제를 하는 경우에도 우발적 상황이 발생할 수 있다.

개인회생채권자가 개인회생 절차 진행 전에 확보한 집행권원(확정된 판결정본, 금전지급 공정증서 등)으로 채무자의 재산에 강제집행을 하는 사례도 간혹 발생하기 때문이다.

변제계획안 인가결정이 있을 경우에는 채무자 회생 및 파산에 관한 법률 제582조에 따라 개인회생채권에 관해서는 변제계획에 의하지 아니하고는 변제하거나 변제받는 등의 행위를 할 수 없으므로(물론 개인회생채권자가 채무를 면제하는 행위는 가능하다. 채무자와 나머지 개인회생채권자들에게 불리하지 아니하고 형평에 반하는 일도 없기 때문이다), 강제집행 취소 등 적극적으로 대응해야 한다.

필자는 2012년 2월부터 2016년 2월경까지 4년 동안 서울중앙지방법원 외부회생위원으로 있으면서 많은 채무자들을 만나보았다.

그중에서 지금도 생각이 나는 채무자는 장애인 자녀를 부양하면서 낮에는 직장생활을, 밤에는 부업으로 사우나 청소를 하며 최선을 다해 생활하던 분이다.

너무나 힘든 생활고를 비관할 법도 한데 그분은 오히려 일을 할 수 있는 것에 감사해 했고 조금이라도 더 벌어서 채권자들에게 좀 더 많이 갚겠노라고 다짐했으나 2년이 지난 어느 날 자신도 루게릭병에 걸려 더 이상 소득 활동을 할 수 없게 되었다는 소식을 듣게 되었다.

이와 같이 개인회생을 신청하는 사람들 중 상당수는 갑작스러운 실직이나 급여삭감, 소박한 욕심에서 시작된 주식투자의 실패, 전·월세난을 피한 무리한 주택 구입, 중증질환의 발생 등으로 도산에 직면하게 되었을 뿐 자신의 위치에서 열심히 생활해 온 평범한 우리의 이웃들이다.

또한 신청자들 중 적지 않은 사람들이 의사·회계사 등 전문직 종사자부터 고액 여봉을 받는 대기업 직원, 안정된 직장인 교사와 공무원에 이르기까지 저임금과 무관한 다양한 직업군에 종사하고 있어 이제 도산절차는 누구에게나 발생할 수 있는 일반적인 제도라는 생각을 갖게 되었다.

그만큼 우리 사회에 경제적 안전망이 거의 없기 때문에 개인의 한순간의 욕심으로 인한 실수나 아무런 귀책사유 없는 돌발적 상황이 발생하게 되면 그에 대한 위험부담이 오롯이 그 개인에게 귀결되어 가정이 해체되거나 심지어 고귀한 생명까지 던지는 극단적인 상황이 왕왕 발생하는 것이다.

글로벌 경제 체제에서 개개인이 급변하는 주변국과 미래의 경제 상황까지 예측해서 최적의 선택을 하기란 불가능한 일이므로 결국 위와 같은 위기 상황을 피하기 위해서는 너무 늦지 않은 시점에 전문가를 찾아 자신의 재무 설계를 하는 것이 필수적이라 생각된다.

투자와 대여, 그리고
동업의 난해함과 법률적 차이

갑은 A에게 "현재 수익성이 높은 사업을 진행 중인데 석 달 후인 2016년 10월경 원금 2배의 수익금을 주겠다"라고 말하며 3,000만 원 투자를 제안하였고, A는 갑에게 3,000만 원을 투자하였다.

을은 B에게 "현재 수익성이 높은 사업을 진행 중인데 석 달 후인 2016년 10월경 원금과 이자 30%를 주겠다"라고 말하며 3,000만 원의 대여를 제안하였고, B는 을에게 3,000만 원을 빌려주었다.

갑과 을이 각각 사업에 실패하여 2016년 10월 말이 지나도록 약속을 이행하지 못한다면 A와 B는 약속한 돈을 달라고 청구할 수 있을까?

A의 청구는 받아들여지지 않겠지만 B의 청구는 받아들여질 것이다. 다만, B의 청구 중 이자 부분은 연 120%에 달하는 고리이므로 이자제한법상의 최고이율을 초과하는 부분은 무효로 보아 유효한 부분의 금액만 인정될 것이다. 그것이 투자와 대여의 민사적 차이점이다.

즉, 투자란 장차 얻을 수 있는 수익을 위해 현재 자금을 지출하는 행위를 의미하고 투자금 손실의 위험이 내포되어 있는 개념임에 반하여 대여는 장래 동일한 액수의 금전을 돌려받을 목적으로 현재 금전을 빌려주는 행위를 의미하며 우리 민법상 이자의 지급을 전제하고 있다.

그러므로 3,000만 원을 투자한 갑은 A의 사업실패로 수익을 내지 못했다면 투자 원금조차 청구할 수 없게 된다. 마치 주식, 펀드 또는 선물에 투자해서 실패한 경우 투자금 전액의 손실을 감수해야 하는 것과 마찬가지 논리이다.

그런데 현실에서는 투자인지 혹은 대여인지 명확하게 구분할 수 없는 경우들이 존재하고, 특히나 수십억 원의 거액이 오가는 상황에서도 명확한 투자계약서 또는 차용증 등의 문서 한 장 없이 금전거래하는 경우가 왕왕 있기 마련이다.

필자가 진행했던 사건 중 일정한 금액이 한번에 상대방에게 지급되고 그에 상응한 이자로 판단되는 금액을 정기적으로 지급받았던 사례에서는 대여금으로 인정되어 승소한 경험이 있다. 그런데 부정기적으로 수십 차례 금원을 지급하였고 이자로 판단되는 금원을 받은 적이 없었던 사례와 관련해서는 1심에서 승소하였으나 고등법원에서 패소하는 등 승패가 엇갈린 경우도 있었다. 법률적 용어로 '처분문서'라고 불리는 명확한 서류 없이는 사법부로서도 금전거래에 대해 동일한 판단을 내리기 어려운 것이다.

투자자 또는 대여자 명의로 금전거래를 한다면 그나마 다행스러운 경우이다. 간혹 제3자에게 돈을 빌려 대여하거나 투자를 하면서 제3자가 직접 상대방에게 금원을 이체하도록 하는 경우에는 더욱 난해한 사건이 된다.

문제가 발생했을 때, 돈을 건네준 입장에서는 대여금이라고 주장할 것이다. 그런데 차용증이 아니라 상대방이 얼마의 돈을 받았다는 형식의 영수증을 작성해 둘 경우 그것만으로는 '대여'라는 사실에 대한 입증으로 부족하다. 상대방은 '빌려준 돈을 변제받은 것이다'라고 전혀 상반되는 주장까지 가능하기 때문이다.

금전 대여 사실을 인정하게 하는 중요한 요소 중의 하나가 '이자'이다. 그러므로 차용증이든 영수증이든 어떤 제목 하의 문서에라도 이자율을 명확하게 기재하도록 하자.

한편, 실제 소송절차를 진행하다 보면 돈을 받은 사람은 단순 투자를 넘어 동업이라고 주장하면서 손실 부분에 대해서도 지분에 따라 책임을 져야 한다고 주장하는 경우도 있다.

동업에 대해서 간단히 살펴보자. 동업이란 말 그대로 특정한 사업을 위해서 동업자들 사이에 일정한 지분을 보유하고 출자의무를 부담하는 공동사업체이다. 일반적으로 수익뿐만 아니라 손실까지 지분에 따라 자신의 개인재산으로 무한책임을 져야 하는 관계이다.

그로 인해서 원금 손실은 물론이고 동업자가 상거래채무를 부담할 경우에는 상법에 따라 연대채무까지 부담해야 하므로 단순 투자인지, 동업약정인지 명확하게 사전확인을 하고 당사자의 서명날인이 들어간 약정서를 작성해 두어야 만약의 사태에 대비할 수 있다.

그런데 투자라고 해서 모두 법적인 책임에서 벗어나는 것은 아니다. 간혹 형사상 사기죄가 성립하는 경우도 있다. 예를 들어, 자원개발을 위해 우크라이나 광물회사에 투자할 예정이라는 설명을 듣고 금원을 투자했는데 상대방이 실제 설명한 목적과 다른 용도로 금원을 사용한 경우에는 용도 사기에 해당되어 형사처벌을 받게 된다.

　상대방이 사기죄로 유죄판결을 받을 경우에는 민사상으로도 불법행위에 기한 손해배상책임도 져야 하고, 고의의 불법행위에 기한 손해배상청구권은 비면책채권에 해당하므로 상대방이 파산이나 회생절차 등에서 면책결정을 받더라도 그 채권만큼은 면책되지 아니하여 상대방에게 추심할 수 있다. 그러나 무엇보다 사전 예방이 최선책이므로 금전거래 시 유의할 점을 최종적으로 정리해 보자.

　첫째, 형사상 사기죄로 유죄판결을 받거나 민사상 대여금반환채무를 인정하도록 하려면 증거가 있어야 하므로, 금전 투자 시 투자 금원, 투자 목적 등에 대한 상세한 내용을 담은 투자약정서 또는 원금과 이자율 등을 명확하게 기재한 차용증을 반드시 작성해 두어야 한다.

　둘째, 투자 시에는 소개하는 지인의 말만 믿고 금전을 건네줄 것이 아니라 반드시 실제 사업을 할 사람, 사무소 등을 방문하여 사실관계를 확인하자. 그리고 회사의 법인등기부등본을 받아서 대표로 행세하는 사람과 등기상 대표이사가 동일한지, 돈을 입금받는 예금주와 사업 주체가 동일한지 등을 명확하게 확인하고 다를 경우에는 그 사유를 서면화해야 한다.

　셋째, 반드시 형사고소를 전문가에게 맡기도록 하자. 개인이 형사고소장을 접수하고 고소인 조사 또는 대질조사 때 엉뚱한 말을 해서 그 조서가 민사소송의 불리한 증거로 채택되어 패소하게 되는 경우도 있기 때문이다.

　수십 년간 열심히 일해서 한 푼 두 푼 모은 재산을 잃는 것은 한순간의 지나친 욕심과 안이한 희망사항 때문이라는 점을 명심하자.

미등기전매의 위험성

요즘 같은 저금리시대에 고수익을 얻기 위한 투자처나 투자방법을 물색하는 투자자들의 관심과 노력이 매우 뜨거운데 단연 최고의 투자처 중 하나는 부동산이 될 것이다.

보통 부동산을 양도할 경우, 양도인은 취득 당시 취득세 등을 부담하고 양도 시에도 전매차익이 발생한다면 그에 관한 양도소득세를 부담해야 한다.

그런데 통상 부동산 가격이 최소 수천만 원에서 시작하다 보니, 부동산을 취득하고 매도하는 데 부담해야 하는 세금도 만만치 않다. 이런 점을 극복하기 위해 미등기전매를 활용하는 분들이 있는데, 과연 미등기전매가 고수익에 적합한 방법인지 따져볼 필요성이 있다.

일단 미등기전매는 특례가 없는 한 원칙적으로 불법행위이다. 그것도 단순 민사법상의 불법행위에 해당하는 것이 아니라 형사처벌을 수반하는 범죄행위에 해당한다.

먼저 부동산등기특별조치법 제2조 제2항은 부동산에 관한 미등기전매를 금지하고 있고, 같은 법 제8조 제1호는 미등기전매행위에 대하여 3년 이하의 징역이나 1억 원 이하의 벌금을 부과하고 있다. 뿐만 아니라 부동산을 취득한 자가 등기의무 기간 내에 소유권이전등기를 하지 아니하면 부동산등기특별조치법 제11조에 따라 상당한 금액에 해당하는 과태료까지 부담해야 한다.

그리고 부동산실명법 제10조는 부동산을 매수하고도 미등기 상태로 3년 이상 경과한 장기미등기자에 대하여 명의신탁으로 간주해서 5년 이하의 징역이나 2억 원 이하의 벌금에 처하도록 규정하고 있고, 부동산평가액의 30%에 해당하는 과징금을 부과하도록 규정하고 있다.

미등기전매를 공모한 매도인, 매수인, 중개업자는 부동산등기특별조치법위반죄의 공동정범이나 방조범으로 처벌될 수 있고, 미등기전매를 도와준 중개업자는 공인중개사법상 자격정지나 등록취소의 제재도 받을 수 있다는 점을 유의해야 한다.

그 외 미등기전매자가 전매차액이 발생하였음에도 양도소득세를 납부하지 않고 포탈했다면 어떤 제재가 있을까.

일단 미등기전매자는 소득세법상 70%의 높은 양도소득세가 부과되고, 1세대 1주택 비과세 및 장기보유특별공제 등 각종 세액 감면 혜택을 받지 못한다. 더 나아가 전매차익에 대한 양도소득세를 납부하지 않으면, 조세포탈에 해당하여 조세범처벌법위반으로 형사처벌까지 받는다는 점도 유의해야 한다.

결국 미등기전매는 미등기 그 자체로 형사처벌, 과징금 및 과태료의 대상이 되고, 전매차액에 대한 양도소득세까지 포탈하였다면 별도의 조세범처벌법위반의 형사처벌을 받게 된다는 것이다.

만약 분양권을 전매하는 경우는 어떨까? 분양권 자체만으로는 등기를 할 수 없기 때문에 위와 같은 법적 규제를 피할 수 있다고 생각하면 큰 오산이다.

예컨대 LH는 택지개발촉진법에 입각하여 주변 시세보다 상대적으로 저렴하게 토지, 분양주택, 상가 등을 LH 청약센터를 통해 분양하고 있다. 그에 따라 많게는 수천 대 1의 경쟁률을 뚫고 당첨이 되면 상당한 수익을 얻을 수 있다.

만약 당첨자가 여기에 수천만 원의 프리미엄을 받고 다운계약서를 써서 이를 제3자에게 양도한다면, 그 또한 범죄행위에 해당한다.

즉, 택지개발촉진법 제19조의 2 제1항은 미등기전매 등 일체의 명의변경을 금지하고 있고, 같은 조 제2항은 미등기전매의 사법적 효력까지 무효로 규정하고 있어 전매수인은 택지 대금을 완납하더라도 소유권을 취득할 수 없다.

그리고 같은 법 제31조의 2는 위 미등기전매자에 대하여 3년 이하의 징역이나 1억 원 이하의 벌금에 처하도록 규정하고 있어 부동산등기특별조치법과 동일한 형을 규정하고 있다. 물론 전매차익에 대한 양도소득세 포탈에 대한 형사상 처벌도 감수해야 한다.

또한 2017년 1월 20일부터 시행된 '부동산거래신고등에관한법률' 제3조 제3호는 통상의 부동산 매매계약 내지 공급계약뿐만 아니라 '택지개발촉진법, 주택법 등 대통령령으로 정하는 법률에 따른 부동산에 대한 공급계약을 통하여 부동산을 공급받는 자로 선정된 지위 및 도시 및 주거환경정비법 제48조에 따른 관리처분계획의 인가로 취득한 입주자로 선정된 지위'에 관한 매매계약에 대해서도 '부동산거래'로 규정하고 이를 신고하도록 규정하고 있다. 결국 분양권도 부동산거래신고 대상에 해당하는 것이다.

부동산거래신고등에관한법률 제28조는 거래미신고자에 대하여는 500만 원 이하의 과태료를, 거짓신고자에 대하여는 해당 부동산 취득가액의 5% 이하의 금액을 과태료로 부과하도록 규정하고 있다.

결국 부동산이든 분양권이든 미등기전매 또는 거래미신고전매는 고수익을 창출하는 황금알이 아니라 패가망신하는 지름길임을 주지하고, 법절차에 따라 안전한 거래를 해야 할 것이다.

최근 감사원이 LH 분양주택의 미등기전매자들을 적발하고 주무관청인 국세청의 직무유기에 대하여 엄중경고한 사실에 비추어 미등기전매로 인한 조세포탈에 대한 적발조치는 상시화될 것으로 예상된다.

당장 눈앞의 이익만 생각하지 말고, 세금이나 법적으로 얼마나 안전한지 꼼꼼히 따져서 소탐대실하지 않도록 주의하자.

이혼과 경제적 문제점

누구나 행복한 인생을 꿈꾸며 배우자를 선택하고 결혼을 하지만 서로 다름을 서로 틀렸다고 비난하기 시작하고 그 갈등을 극복하지 못할 때는 이혼을 선택할 수밖에 없다.

결혼만큼이나 이혼도 잘하는 것이 중요하다. 특히 미성년 자녀가 있을 때는 부부 사이의 극단적인 갈등을 자녀에게 노출시키지 않도록 조심해야 한다. 그리고 자녀에게 비양육친에 대한 부정적 평가를 자주하는 것은 자녀의 성 정체성이나 자존감 측면에 매우 심각한 악영향을 끼치므로 또한 주의해야 한다. 자녀를 위해서라도 천륜을 끊어서는 안 되고, 비양육친에 대한 자녀의 그리움이나 애정을 존중하고 면접교섭에 최대한 협조하는 것이 필요하다.

또한 경제적인 문제를 잘 정리하는 것도 중요하다. 그 첫 번째가 재산분할이고, 두 번째가 자녀에 대한 양육비 문제이다. 아래에서 살펴보자.

부부가 이혼할 경우에는 혼인 중 형성된 재산에 대해서는 분할하는 것이 원칙이다. 혼인 전에 스스로의 노력으로 취득한 재산이나 혼인 중이라도 상속이나 증여 등으로 취득한 타방의 재산을 '특유재산'이라 하는데, 이러한 특유재산은 원칙적으로 재산분할 대상이 아니다.

그렇지만 혼인 기간이 상당히 경과되고 그 기간 동안 일방이 타방의 특유재산의 유지에 기여하거나 감소 방지에 기여한 경우에는 특유재산도 재산분할의 대상이 된다. 특히 자녀를 양육해야 하는 일방에게 그 명의재산이 없을 경우, 법원은 후견적 입장에서 상당히 적극적으로 재산분할을 하고 있다.

필자가 담당했던 사건 중 자녀들을 양육해야 하는 아내에게 재산분할로 남편 명의의 주택 소유권을 이전해 주라는 판결을 얻어낸 적이 있다. 물론 이때 아내는 주택에 설정된 근저당권자에 대한 담보대출금까지 인수해서 이를 변제해야 하지만 주택의 가치를 고려할 때 상당한 재산분할을 받을 수 있었다. 여기서 '기여'라는 의미는 반드시 경제적 기여만을 의미하지 않는다. 전업주부리 하더라도 재산 유지 또는 감소 방지에 기여한 것으로 볼 수 있다.

그런데 그간의 이혼 상담을 돌이켜보면, 배우자의 재산에 대하여 상세하게 알지 못하는 분들이 의외로 많아서 상당히 놀라웠던 때가 있었다.

특히 가사와 양육, 그리고 남편 내조에만 온 힘을 쏟았던 전업주부들은 "생활비를 받아 사용했고, 이혼을 상상조차 하지 않았기 때문에 남편 명의 재산에 대해서 전혀 알지 못한다"라고 말하는 분들이 의외로 많다. 그리고 젊은 신혼부부들 중에는 '부부별산제'라며 각자 벌어서 각자 알아서 하고 생활비만 공동통장에 넣어두고 생활을 하는 경우들이 많아서 앞으로는 이런 현상이 더욱 많아질 것으로 예상된다.

재판상 이혼으로 재산분할 절차를 진행할 경우에는 법률대리인이 재산을 조회해서 적정한 분할이 이루어지도록 도움을 주기 때문에 크게 문제되는 일은 없을 것이다.

문제는 협의이혼이다. 협의이혼하면서 재산분할까지 협의하는 경우가 있다. 재산분할에 관해 합의할 경우, 먼저 상대방의 재산목록을 정확하게 파악해야 한다. 부동산뿐만 아니라 예금, 보험예상해약환급금(요즘 연금보험이나 변액보험 등 다양한 보험상품이 있고, 의외로 보험예상해약환급금이 수천만 원에 이르는 경우도 있으므로 반드시 확인해야 한다) 및 장래의 퇴직금(현재 시점에서의 퇴직금을 예상해서 반영하게 된다)을 파악하도록 하자. 또한 재산분할 대상에는 채무도 포함되기 때문에 배우자의 채무까지 포함해서 배우자의 순재산이 얼마인지 확인하고, 본인의 순자산을 합한 총액에서 일정 비율로 정해서 분할 금액을 정하도록 한다.

물론 쌍방의 순재산이 많다면 다행스럽겠지만, 부부의 순재산을 합한 결과 채무만 존재하는 경우도 상당하다. 그럴 경우에도 동일하게 재산분할 비율을 정한 다음, 일방이 타방에게 금전을 지급하는 형식으로 부채를 조정해야 한다.

즉, 아내는 전업주부이고 순재산이 0원인데 남편은 가정경제를 전담하느라 순재산으로 부채 1억 원이 존재한다면, 아내가 일정금액을 남편에게 지급해야 한다는 것이다.

그러나 협의이혼을 전제로 재산분할에 대한 합의를 했다고 하더라도, 협의이혼절차 종결 전에 재판상 이혼절차를 진행하게 된다면 그 재산분할 합의는 효력을 잃고 원점으로 되돌릴 수 있다는 점도 기억해 두자. 즉, 배우자의 폭력이나 양육권을 빌미로 한 부당한 재산분할합의서를 작성해 주었더라도 그 이행 전 및 협의이혼절차 종결 전이라면 적극적으로 이혼소송을 진행해서 정당한 재산분할을 청구할 수 있다는 것이다.

한편, 이혼한 배우자가 혼인 기간 중 5년 이상 국민연금을 납부하였고, 이혼한 배우자와 본인이 노령연금 수급연령이 되었다면 국민연금공단에 분할연금 청구를 할 수 있다. 2016년 1월부터 공무원연금법과 사립학교교직원연금법도 재산분할에 관한 규정을 신설하여 분할비율을 정한 판결이나 협의가 있을 경우에는 그에 따라, 그러하지 않을 경우에는 혼인기간에 해당하는 연금액을 균등분할받을 수 있게 되었다.

위와 같은 분할연금은 별도의 판결 없이도 가능하다는 점과 황혼이혼이 늘어나는 현재 추이에 비추어 노년의 극심한 경제적 곤궁에서 최소한의 생계는 유지할 수 있다는 점에서 매우 실효적인 제도라 하겠다.

그러나 공무원연금법 제46조의 3 제3항은 분할연금 수급권자의 요건을 갖춘 후 3년 이내에 청구해야 한다고 규정하고 있으므로 위 기간을 넘겨서 청구할 경우 분할연금 수급권이 소멸하게 되는 점을 유의해야 한다. 공무원연금법을 준용하는 사립학교교직원연금법도 마찬가지이다.

두 번째로 중요한 것이 양육비 문제이다. 양육친은 비양육친을 상대로 양육비 지급을 청구할 수 있고, 부모는 당연히 자녀 양육의 의무를 부담하므로 비양육친은 양육비를 지급해야 한다.

서울가정법원은 부부 합산 소득과 자녀의 나이를 고려하여 양육비에 관한 일정 기준을 마련해 두고 있다. 자녀의 나이가 0세에서 3세에 이를 경우, 직업과 재산이 없는 무자력자라고 하더라도 최소 양육비 20만 원은 부담해야 한다. 그런데 가정법원의 실무는 통상적으로 자녀 1인당 30만 원 내지 70만 원 정도를 인정하고 있고, 부부 소득의 정도 등에 따라 200만 원 이상 인정하는 경우가 있다.

그런데 양육친이 비양육친에게 '양육비청구 포기 각서'를 작성해 주는 일이 왕왕 발생한다. 자녀에 대한 단독 친권과 양육권을 갖기 위해 타방의 무리한 요구를 받아주는 경우가 있기 때문이다.

그런데 양육친에게 경제적 능력이 상당하다면 모를까, 그렇지 않다면 혼자서 자녀를 양육하기란 이만저만 버거운 일이 아닐 것이다.

그러한 양육비 포기의 제반 사정이 부당할 경우에는 양육비부담 부분의 변경을 구하는 심판을 청구할 수 있다. 그럴 경우, 가정법원은 여러 사정을 두루 살펴 자녀의 복리에 가장 바람직한 방향으로 양육비 지급을 인정해 주고 있다.

만약 양육비지급의무자가 양육비를 지급하지 않는다면 어떻게 해야 할까?

타방이 급여소득자이고, 2회 이상 양육비를 지급하지 않는다면, 그 고용주를 상대로 '양육비직접지급명령'을 신청하여 고용주로 하여금 타방의 급여에서 정기적으로 양육비를 공제하여 양육비채권자에게 직접 지급하도록 할 수 있다.

만약 위와 같은 방법을 사용할 수 없을 때(예컨대, 사업소득자이거나 4대 보험에 가입하지 않아 근로소득의 존재를 확인할 수 없는 경우) '이행명령'을 신청할 수 있고 그 명령에도 불이행하여 양육비 미지급회차가 3회에 이른다면 30일 이내의 감치신청까지 할 수 있다.

법원의 감치명령을 받은 비양육친이 하루, 이틀 내에 밀린 양육비를 지급하는 경우도 상당하다는 점에서 씁쓸하다 하지 않을 수 없다.

해외 영화를 보면 이혼한 부

부가 친구처럼 지내는 장면을 자주 볼 수 있다. 필자도 어린 나이에 해외 영화에서 그런 장면을 보고 문화적 충격을 받은 적이 있다.

사랑해서 헤어지거나 서로의 행복을 기원하며 쿨하게 헤어질 수는 없더라도, 이혼이 각자 장래에 가장 바람직한 선택이라고 한다면 굳이 원수처럼 헤어질 필요는 없을 것 같다.

자녀 양육 문제와 재산분할의 두 가지 점만 역지사지해서 상식선에서 해결한다면 이혼은 또 다른 전쟁의 시작이 아니라 지금까지 전쟁의 종결이 될 수 있을 것이다.

신탁을 통한 자산관리 및 유언 효과

평범한 보통 사람들에게 '신탁'이라는 용어는 생소하고, 대부분 부동산 개발 시 활용하는 제도 정도로 이해할 것이다.

그래서 일반인의 입장에서는 '신탁'이라고 하면, 아마 부동산을 타인 명의로 구입하는 '명의신탁'이나 퇴직연금신탁, 신탁형 ISA(개인종합자산관리계좌) 정도를 떠올리기 쉬울 것 같다.

그런데 신탁제도는 특별한 기능을 갖고 있고, '신탁'이라는 도구를 이용하여 다양한 경제적 효과를 얻을 수 있다는 점에서 눈여겨볼 필요가 있다.

신탁이란 위탁자(맡기는 사람)가 수탁자(맡는 사람)에게 특정의 재산을 이전하거나 담보권의 설정 또는 그 밖의 처분을 하고, 수탁자로 하여금 수익자의 이익 또는 특정한 목적을 위하여 그 재산의 관리, 처분, 운용, 개발, 그 밖의 신탁 목적의 달성을 위하여 필요한 행위를 하게 하는 법률관계를 의미한다.

결국 신탁에는 위탁자, 수탁자, 수익자의 3자 관계가 존재하고, 수익자는 위탁자 본인이 될 수도 있고 제3자가 될 수도 있다.

이에 따라 기업의 부동산 개발사업이나 부동산을 활용한 금융편의 조달 시 주로 활용되어 왔다.

그런데 위와 같이 재산신탁을 하면 위탁자의 재산권이나 수탁자의 고유재산에서 분리되기 때문에 위탁자나 수탁자가 회생이나 파산의 도산절차에 진입하더라도 신탁재산은 도산절차의 효과를 받지 않는데 이를 '도산절연기능'이라 한다(신탁법 제24조).

예컨대 A씨가 시가 10억 원 상당의 토지를 신탁회사에 신탁한 후 회생절차에 들어가게 되더라도, 위 신탁된 토지는 신탁 목적에 따라 그대로 수탁자 명의로 보존될 뿐 파산재단이나 회생절차의 재산목록에 편입되지 않는다는 것이다.

그러므로 금전 대여 시 채무자의 도산절차 진입이 염려된다면, 단순히 근저당권을 설정하기보다는 담보신탁을 유도하는 것이 채권자 입장에서는 유리할 수 있다.

또한 신탁재산에 대하여는 신탁법 제22조에 따라 강제집행, 담보권 실행 등을 위한 경매, 국세체납처분 등을 할 수 없고, 신탁법 제23조에 의하여 개인인 수탁자의 상속재산에 속하지 아니하고 수탁자의 이혼으로 인한 재산분할 대상도 되지 않는다.

그 밖에도 담보신탁을 통한 담보기능, 신탁 목적에 따른 수탁자의 재산 관리를 통해 다양한 경제적 효과를 거둘 수 있다.

그로 인해 최근 부동산신탁뿐만 아니라 금전이나 유가증권과 관련하여 금융기관에서 다양한 유가증권 신탁, 투자신탁 상품 등을 출시하고 있고, 투자와 관계없이 가족 관계 내에서도 신탁을 활용해 '유언대용신탁', '후견신탁', '장애인특별부양신탁' 등의 새로운 유형의 신탁이 생겨나고 있다.

1. 유언대용신탁이란 부모의 사후에 자녀가 수익권을 갖는 것으로 내용을 정하는 신탁이다(신탁법 제59조).

부모가 자녀에게 전 재산을 생전증여한 후 자녀들로부터 부양받지 못하거나 자녀들의 망은행위에도 불구하고 이미 증여행위를 완료한 경우에는 증여계약을 해제할 수 없다는 민법상의 제한으로 인해 고통받는 사례들이 늘고 있는데, 부모 생전에는 부모가 수익권을 갖고 사후에 자녀가 수익권을 갖는 내용으로 객관적이고 중립적인 제3자와 신탁계약을 체결한다면 부모 생전의 노후생활과 사후 상속 문제를 한 번에 해결할 수 있어서 매우 유용한 제도라고 평가된다.

또한 유언대용신탁 내용은 신탁자인 부모가 수탁자와 다양하게 정할 수 있기 때문에 민법상의 유류분제도의 제한을 받는 유언제도보다 부모의 진의에 충실하게 상속효과를 얻을 수 있다는 장점도 있다.

2. 후견신탁이란 미성년자 또는 성년을 위한 후견인과 신탁계약을 체결하고 피후견인인 미성년자 또는 성년을 수익자로 하는 신탁을 의미한다. 피후견인인 미성년자나 성년자의 안정적 생활 유지와 자산관리 측면에서 유용하고, 후견인의 재산관리의무 부담을 덜 수 있다는 점에서도 실효적인 방안으로 평가된다.

3. 장애인특별부양신탁이란 스스로 재산관리가 어려운 장애인을 위한 신탁으로서 장애인의 부모 등 자산가가 신탁자와 장애인 부양 목적의 신탁계약을 체결하는 것을 의미한다. 장애인을 둔 부모로서는 자신들의 사후 장애를 가진 자녀의 안정적 생활을 염려하여 노심초사하는 경우가 많

을 텐데, 이와 같은 불안과 염려를 덜어줄 수 있는 제도로 평가된다.

또한 장애인복지법에 따라 신탁 수익은 전부 장애인에게 지급되어야 하므로 수익자는 장애인에 국한된다. 제도의 취지에 비추어 너무나 당연하다고 하겠다.

그 외에도 수익자가 사망할 경우 신탁관계가 종료되는 것이 아니라 신탁행위로 지정된 제3자가 수익권을 갖는 내용의 '수익자연속신탁'이라는 제도도 있다(신탁법 제60조).

신탁이라는 '매직키'를 활용하여 자산을 관리하고, 노후를 안정적으로 보낼 수 있는 방법을 찾아보자.

자녀에게 효도를 강요할 수는 없지만, 물질만능 세상에서 자녀에게 '자녀의 도리'에 대해서 한 번쯤 생각해 보게 하는 유언대용신탁은 합리적인 부모자녀 관계를 설정할 수 있는 제도라고 평가할 수 있다.

보험 & 보상

박지훈 손해사정사
- 더드림 손해사정사무소 대표
- 한국손해사정사회 동부지회 사무국장

소멸시효 및 후유장해 진단금 사례

1. 사례

- A씨는 식목일을 맞아 가족들과 북한산을 등반하였다.
- A씨는 정상에 올라 휴식을 취하던 중 쓰고 있던 모자의 쇠붙이에 낙뢰를 맞아 뇌출혈이 발생하였다.

2. 피해사항

- 사고일 : 2012.04.05.
- 입원치료기간 : 2012.04.05. ~ 2016.04.27. (4년 이상)
- 장해진단일 : 2016.05.19.
- 진단명 : 뇌출혈로 인한 '좌측 편마비'

〈장해평가〉

일상생활 기본동작(ADLs)제한 장해평가		각각의 신체부위 장해평가	
장해 분류	장해율(%)	장해 분류	장해율(%)
이동 동작	20	팔 장해	15

배변·배뇨	10	다리 장해	15
목욕	5	손가락 장해	30
옷 입고 벗기	5	발가락 장해	30
합산 장해율	40	합산 장해율	80

3. 계약사항

담보명	상해사망후유장해 (사망·80%이상 후유장해)	상해후유장해 (3~79%이하 후유장해)	뇌출혈 진단비
가입 금액	3억	1억	2,000만 원

4. 분쟁 사항

보험회사 주장	A의 주장
① 보험금 청구 불가능 (청구권 소멸) ② 장해평가 - 일상생활 기본동작(ADLs) 제한 장해 평가표(이동동작, 배변·배뇨, 목욕, 옷 입고 벗기 합산 장해 40%)	① 보험금 청구 가능 (청구권 존재) ② 장해평가 - 각각의 신체부위 장해평가(팔, 다리, 손가락, 발가락 합산 장해 80%)

1) 근거

▷ 소멸시효

- 상법 제662조 : 보험금청구권은 3년간, 보험료 또는 적립금의 반환청구권은 3년간, 보험료청구권은 2년간 행사하지 아니하면 시효의 완

성으로 소멸한다.
- 약관 : 보험금 청구권, 만기환급금청구권, 보험료 반환청구권, 해지환급금 청구권, 책임준비금 반환청구권은 3년간 행사하지 않으면 소멸시효가 완성된다.
- 개정 이전 [2015년 3월 11일까지] : 보험금 청구권 2년 적용
- 개정 이후 [2015년 3월 12일부터] : 보험금 청구권 3년 적용
- 민법
  - 제166조(소멸시효의 기산점) : 소멸시효는 권리를 행사할 수 있는 때로부터 진행된다.
  - 제168조(소멸시효의 중단사유) 소멸시효는 다음 각 호의 사유로 인하여 중단된다.
- ① 청구 ② 압류, 가압류 및 가처분 ③ 승인

▷ 장해율

- 약관 장해분류표 13. 신경계 · 정신행동장해 판정 기준
③ 신경계의 장해로 발생하는 다른 신체부위의 장해(눈, 귀, 코, 팔, 다리 등)는 해당 장해로도 평가하고 그중 높은 지급률을 적용한다.

> 주) 신경계의 장해로 인하여 ADLs 장해와 기타 다른 신체부위 장해(눈, 귀, 코, 팔, 다리 등)가 병존할 경우 ADLs 장해 평가 지급률과 기타 다른 신체부위 장해 지급률의 합 중 높은 것을 지급한다. 따라서, 신경계의 장해로 인하여 ADLs 장해 지급률이 40%이고, 이로 인한 기타 다른 신체부위 중 팔 장해 15%, 다리 장해 15%, 손가락 장해 30%, 발가락 장해 20%가 발생하였으므로 이 중 높은 지급률인 기타 다른 신체부위 장해 지급률의 합인 80%를 지급한다.

2) 장해분류표

① 팔 장해 : 한 팔의 3대 관절 중 관절 하나의 기능에 약간의 장해를 남길 때(5%)

② 다리 장해 : 한 다리의 3대 관절 중 관절 하나의 기능에 약간의 장해를 남길 때(5%)

③ 손가락 장해 : 한 손의 5개 손가락 모두의 손가락뼈 일부를 잃었을 때 또는 뚜렷한 장해를 남긴 때(30%)

④ 발가락 장해 : 한 발의 5개 발가락 모두의 발가락뼈 일부를 잃었을 때 또는 뚜렷한 장해를 남길 때(20%)

⑤ 신경계 장해

- 이동동작 : 목발 또는 WALKER를 사용하지 않으면 독립적인 보행이 불가능한 상태(20%)
- 배변·배뇨 : 배변·배뇨는 독립적으로 가능하나 대소변 후 뒤처리에 있어 다른 사람의 도움이 필요한 상태(10%)
- 목욕 : 샤워는 가능하나, 혼자서는 때밀기를 할 수 없는 상태(5%)
- 옷 입고 벗기 : 다른 사람의 계속적인 도움 없이는 상의 또는 하의 중 하나만을 착용할 수 있는 상태(5%)

▷ 약관(뇌출혈의 정의 및 진단 확정)

- 뇌출혈이라 함은 '뇌출혈 분류표'에서 정한 지주막하출혈, 뇌내출혈, 기타 비외상성 두개내 출혈을 말한다.

▷ 뇌출혈 분류표

약관에 규정하는 뇌출혈로 분류되는 질병은 제7차 개정 한국표준질병사인분류(통계청고시 제2015-309호, 2016. 01. 01. 시행) 중 다음에 적은 질병을 말한다.

대상질병	분류번호
1. 지주막하출혈	I60
2. 뇌내출혈	I61
3. 기타 비외상성 두개내 출혈	I62

5. 보상결과

분쟁사항별 검토 결과	
① 소멸시효	보험금 청구권 행사가능 (기산점 : 장해진단일로부터 보험금 청구권 3년간 행사가능)
② 장해평가방법	각각의 신체부위 장해평가(80%) (팔, 다리, 손가락, 발가락 합산 장해율 적용)
③ 뇌출혈 진단비 보상여부	X (면책사유 : 외상성 뇌출혈)
④ 보상결론	3억 원 지급 (적용 담보 : 상해 80% 이상 후유장해)

- 보험금 청구권의 소멸시효는 3년이다(2년 → 3년 변경).

이번 사고의 분쟁사항〉

A는 장해율이 80% 이상에 해당하여 상해사망후유장해 보험금 3억 원을 청구하였는데 보험회사에서는 '사고일로부터 3년이 지나서 청구하였으니 보험금 청구권이 소멸되었다', 또한 '장해율이 80%가 아니고 40%이므로 상해 3~79% 이하 후유장해 담보가 적용되어 보험가입금액 1억 원의 40%인 4,000만 원이 지급할 보험금이다'라고 주장하여 분쟁이 발생하였다.

분쟁사항별로 살펴보면, 우선 A의 후유장해에 대한 보험금 청구권은 후유장해진단을 받은 날로부터 3년간 행사가 가능하기 때문에 A의 후유장해 보험금 청구권 행사가 가능하였고, 다음 후유장해 지급율에 대해서는 A의 뇌출혈로 인한 좌측 편마비 후유장해는 두 가지 방법으로 평가가 가능하였고 장해 지급율은 각각 40%, 80%로 평가되었다.

이와 같은 경우 두 가지 방법으로 평가한 장해 지급율 중 높은 장해 지급율을 인정받을 수 있다. 따라서 A의 장해율은 80%를 적용할 수 있다.

뇌출혈 진단비는 질병으로 인한 뇌출혈은 보상하지만 상해사고 즉, 외상으로 인한 뇌출혈은 보상하지 않는다. 그래서 뇌출혈 진단비는 보험금 청구의 대상이 되지 않아 보험금이 지급되지 않았다.

A는 상해사고로 인해 80% 이상의 후유장해에 해당하여 상해사망후유장해 보험금 3억 원을 지급받았다.

약관개정 사항〉

2015년 3월 12일을 기준으로 보험금 청구권을 행사할 수 있는 기간이 2년에서 3년으로 변경되었다. 보험사고 발생일을 기준으로 사고 발생일이 2015년 3월 12일 이전이면 2년간, 2015년 3월 12일 이후이면 3년간 보험금을 청구할 수 있다.

보험금 청구권은 해당 청구권을 행사할 수 있는 날로부터 3년이 경과하면 청구권이 소멸되어 더 이상 보험금을 받을 수 없다. 그러니 이점 꼭 주의하시길 바란다.

렌트 차량 사고도 차주의 자동차보험에서 보장 가능해

운전하다 보면 꼭 나의 실수가 아니더라도 발생할 수 있는 사고는 비일비재하다. 다른 운전자가 충격을 가하는 경우, 주행 중 갑자기 물건이 날아와 부딪히는 등 종류도 다양하다.

사고 후 차량 수리로 인하여 대중교통을 이용하거나 보험회사의 렌트카를 사용하는 경우가 대부분이다. 대중교통을 이용한다면 큰 문제가 없겠지만 렌트카를 사용한다면 다시 한 번 의문점이 생긴다.

'렌터카를 이용하다 또다시 사고가 난다면?'

이러한 의문점을 해결하기 위해 금융감독원은 실생활과 밀접한 보험과 관련하여 불합리한 관행 개선을 추진하고 있다.

우선적으로 렌트 차량 이용자 권익제고를 위한 자동차보험 개선이란 이행과제로써 교통사고 후 대여받은 렌트 차량에 사고가 발생했을 경우 저렴한 비용으로 차주의 자동차보험에서 보장받을 수 있도록 특약을 신설해 2016년 11월 30일부터 시행하고 있다.

교통사고 후 피해 차량의 수리기간 동안 이용하는 렌트 차량(보험대차) 운전 중 사고까지 자동차보험에서 보장토록 개선하는데 교통사고 후 대여

받은 렌트 차량 사고도 저렴한 비용으로 차주의 자동차보험에서 보장받을 수 있도록 하고 있다.

전체 보험가입자의 연간 보험료 증가는 약 400원 내외 수준이지만 가입 담보 회사별 경험 손해율 및 차량종류에 따라 상이할 수 있다.

개인용 자동차보험에 자동부가 특약을 신설하여 시행 중이며, 자동차 사고로 사고 상대방으로부터 보험처리를 통해 대여받는 렌트 차량(보험대차)을 운전하다 사고 발생 시 보상받을 수 있다.

다만 주의사항으로 여행지 등에서 본인이 이용하는 렌트 차량(일반대차)은 제외되며, 이 경우 렌트카 차량손해특약, 다른 자동차 차량손해특약 등을 통해 보장받아야 한다.

이 특약은 운전자가 선택한 담보별(자차, 자기신체, 대물배상 등) 가입금액을 한도로 '렌트 차량 보험의 보상한도를 초과하는 금액'을 보상한다.

이렇게 신설되어 개선이 효과되는 부분은 교통사고 후 피해 차량의 수리기간 동안 렌트 차량을 이용하여 연간 약 95만 명의 운전자가 안심하고 렌트 차량을 운전하고 있다.

운전자의 보험회사로부터 피해보상을 받을 수 있어 피해자의 권리구제가 강화됨을 알 수 있다.

음주운전 사고 보상 사례

1. 사고 내용

A는 여자친구 B와 술을 마신 후 근처에 있는 여자친구 B의 집에 데려다 주기 위해 차를 운전하고 가던 중 골목길에서 가로등과 충돌하는 사고가 났다. A가 가입한 자동차보험에서 보상받을 수 있을까?

금번 사고는 운전자 A가 음주운전을 하다 골목길의 가로등을 충돌한 사고였다. 경찰 조사 결과 운전자 A는 혈중알코올 농도 0.07%로 음주운전에 해당하여 100일간 면허정지의 행정처분과 300만 원의 벌금에 해당하는 형사처벌을 받았다.

A는 자동차보험에 가입했지만 보험처리가 불가능할 거라고 생각해서 보험접수를 하지 않았다. 이런 경우 자동차보험의 보상처리가 가능한지 검토해 본다.

1) S보험회사에 가입한 자동차보험의 보장 내용
① 대인배상 Ⅰ·Ⅱ(무한)
② 대물배상(1억 원)

③ 자기차량손해(3,000만 원) 한도로 가입

2) 피해사항

① 여자친구 B : 사망(위자료, 상실수익액, 장례비를 포함하여 산정한 손해액 1억 원)

② 운전자 A : 척수손상을 동반한 요추 방출성 골절(척추체 3마디를 고정 수술), 치료비 1,000만 원 발생

③ 가로등 파손 : 1,000만 원

④ 차량 파손 : 1,000만 원의 수리비 발생

먼저 음주운전이란 도로교통법상 운전자의 혈중알코올 농도가 0.05% 이상인 경우를 말한다. 음주운전에 해당할 경우 민사적 책임 이외에 행정처분과 형사처벌을 받는다.

혈중알코올 농도에 따라서 행정처분은 면허정지 또는 취소가 되고, 형사처벌로 최고 3년 이하의 징역 또는 1,000만 원 이하의 벌금형을 받을 수 있다.

다시 자동차보험으로 보상처리가 가능한지 피해사항별로 살펴보면…

① 여자친구 B는 운전자 기준으로 타인에 해당하여 대인배상(Ⅰ, Ⅱ)이 적용되며, 음주운전의 경우도 보상된다. 단, 음주운전 시 사고부담금이 있는데 본 사안에서는 300만 원을 운전자 A가 보험회사에 납입해야 하며, 위자료 등을 포함하여 손해액 1억 원을 보험회사로부터 B의 법정상속인이 지급받게 된다.

② 가로등 수리비는 타인의 재물에 대한 손해로 대물배상이 적용되며, 음주운전의 경우에도 보상이 된다. 단, 대인배상과 같이 음주운전 시 사고부담금이 있으며, 본 사안에서는 100만 원을 운전자 A가 보험회사에 납입해야 하며, 따라서 수리비 1,000만 원을 보험회사로부터 지급받을 수 있다.
③ 운전자 A의 차량 손해는 자기차량손해(자차)라는 항목에서 보상하는데, 음주운전의 경우에는 면책규정이 적용되어 보상되지 않는다.
④ 운전자 A의 손해는 보장하는 항목이 없다. 따라서 운전자의 손해를 보장하는 자기신체사고 항목을 가입한 경우 부상등급의 한도 내에서 실제 발생한 치료비를 보상하고, 후유장해가 발생할 경우 장해등급에 따라 해당 등급의 보험가입금액을 정액으로 보상한다.

만약 본 사례에서 자기신체사고 항목을 사망, 후유장해 1억 원 한도, 부상 3,000만 원을 조건으로 가입한 상황이라면 운전자 A는 부상 1급으로 치료비 1,000만 원과 후유장해 6급에 해당하는 5,000만 원을 보상받게 된다.

음주운전으로 인한 사고라도 운전자가 다른 사람을 사상케 하여 발생한 손해는 대인배상에서 보상되고, 다른 사람의 재물에 손해가 발생한 경우 대물배상에서 보상된다. 또한 운전자 본인의 손해에 대하여는 자기신체사고라는 항목에서 보상된다. 하지만 자기차량손해는 음주운전 면책규정이 적용되어 보상되지 않는다.

대부분 사람들은 중과실로 사고가 발생한 경우(교통사고로 예를 들면 신호위반, 음주운전, 중앙선침범사고 등이 있다.)에는 보험금을 받을 수 없다고 일반적으로 생각할 수 있다.

  위에서 살펴본 자동차보험 이외에 가장 흔하게 가입한 보험인 운전자보험의(교통상해후유장해, 골절진단비, 교통상해입원일당 등 일부 담보와 실손의료비보험) 등은 중과실사고도 보상된다.

  이는 '상법 제732조의 2' 내용을 반영하여 보험약관에서 '중과실로 인한 보험사고'를 보상하는 것이다.

  하지만 운전자보험의 교통사고처리지원금, 운전자벌금, 면허정지·취소 위로금 등의 특별약관에서는 음주운전사고에 대해서는 면책규정을 두고 있어 보상되지 않는다.

일상생활배상 책임 : 주택의 누수 사례

1. 사고 내용

A는 본인 명의의 아파트를 임차인에게 전세를 주었다. 그런데 이사한 지 한 달도 지나지 않아 배수로 보수공사 중 누수가 발생하여 아랫집에 피해가 생겼다. 아랫집은 누수로 인한 손해에 대해 손해배상을 청구하였다.

2. 피해사항

아랫집은 벽지 변색 및 곰팡이 발생으로 인한 보수공사 및 도배 비용으로 500만 원의 손해배상금을 청구하였다.

3. 보험계약사항

	보험회사 1	보험회사 2
계약자	집주인 A	임차인
담보내용	일상생활배상책임보험	일상생활배상책임보험
피보험자	집주인 A	임차인
가입금액	1억 원	1억 원

집주인 A와 임차인의 보험계약사항을 보면 각각 일상생활배상책임보험에 1억 원씩 가입되어 있다. 이 사건은 배수로 문제로 보수공사를 한 임차인에게 법률상 손해배상책임이 발생한다.

집주인 A의 경우에는 법적으로 손해배상책임이 없다. 그래서 임차인의 일상생활배상책임보험으로만 검토하게 되는데 여기서 문제점이 하나 발생하였다.

임차인은 해당 집에 실제 거주를 하였지만 이사 온 지 얼마 되지 않아 보험증권의 주소지를 예전 주소에서 현재 주소로 변경하지 않은 것이다. 따라서 임차인의 일상생활배상책임보험은 보험증권상 기재된 주택에 해당하지 않아 보험금이 지급되지 않았고, 아랫집 손해액 500만 원을 임차인이 직접 배상해야 했다.

일상생활배상책임보험에서 '보상하는 손해'를 확인해 보면 "주택의 소유, 사용, 관리로 인한 우연한 사고를 보상하며, 여기서 '주택'이란 피보험자의 주거용으로 사용하고 있고 보험증권상 기재되어 있어야 합니다"라고 명확하게 명시되어 있다.

따라서 임차인의 일상생활배상책임으로 보상받기 위해서는 주거용 주소와 증권상 기재된 주소가 일치해야 하며, 이를 위해서 보험기간 중에 주소가 변경된 경우 보험회사에 주소가 변경된 사실을 알리고 증권상의 기재된 주소를 변경해야 한다.

그리고 통상적인 누수사고는 건물 자체의 노후로 인한 경우가 대부분이다. 이 경우에는 집주인에게 법률상 손해배상책임이 발생한다. 따라서 임대한 경우 임차인에게는 법적 손해배상책임이 발생하지 않는다.

집주인이 일상생활배상책임보험을 가입하였지만 주택 용도가 '임대한 경우'와 '직접 거주한 경우'에 따라 보상 여부가 나뉘게 된다.

임대한 경우에는 실거주 즉, 주거용으로 사용하지 않아 일상생활배상책임보험으로 보상받을 수 없지만, 주거용으로 실거주한 경우에는 보상받을 수 있다.

4. 보상결과

	집주인 A	임차인
법률상 손해배상책임 발생 여부	×	○
실거주지	×	○
증권상 기재된 주택	○	×
보험회사 보상여부	×	×

※ 임차인이 아랫집 총 손해액 500만 원에 대해 직접 배상

〈일상생활배상책임보험의 보상하는 손해〉

주택의 소유, 사용, 관리로 인한 우연한 사고를 보상한다.

※ 주택이란? : 피보험자의 주거용 + 보험증권에 기재된 경우

▷ 임차인이 일상배상책임보험으로 보상처리가 가능하기 위한 조건

> 일상배상책임보험으로 보상처리가 가능하려면
> **'주거용 주소' = '증권상 기재된 주소'**
> (일치)

> **주소변경통지**
> 계약자는 주소 또는 연락처가 변경된 경우에는
> 지체 없이 그 변경내용을 회사에 알려야 한다.

▷ 통상적인 건물 자체 노후로 인한 누수 손해의 경우 일상배상책임 보상처리 요건

임대한 경우			주거용일 경우
집주인	임차인		집주인
○	×	법률상 손해배상책임 발생 여부	○
×	○	실거주지	○
○	○	증권상 기재된 주택	○
×	×	보험회사 보상 여부	○

※ 집주인이 실거주를 하고 있지 않다면 일상배상책임으로 보상이 되지 않지만 화재보험의 '임대인 배상 책임 특별약관' 담보를 가입하면 보상 가능
※ 집주인이 실거주하고 있다면 일상배상책임으로 보상 가능
※ 임차인의 경우 법률상 손해배상책임이 없음

〈추가자료〉

▷ 일상생활배상책임 보장 특별약관

제1조(보상하는 손해)
① 회사는 보험증권에 기재된 피보험자 본인(이하 '본인'이라 합니다) 및 그와 동거하는 배우자가 국내외에서 아래에 열거한 사고(이하 '사고'

라 합니다)로 타인의 신체의 장해 또는 재물의 손해(재물의 없어짐, 손상 및 망가짐을 말합니다)에 대한 법률상의 배상 책임을 부담함으로써 입은 손해를 이 특별약관에 따라 보상합니다.

1. 피보험자가 주거용으로 사용하는 보험증권에 기재된 주택(부지내의 동산 및 부동산을 포함합니다. 이하 '주택'이라 합니다)의 소유, 사용, 관리로 인한 우연한 사고
2. 피보험자의 일상생활(주택 이외의 부동산의 소유, 사용 및 관리는 제외합니다)에 따른 우연한 사고

제2조 (보상하지 않는 손해)
① 회사는 아래의 사유를 원인으로 하여 생긴 배상책임을 부담함으로써 입은 손해는 보상하여 드리지 아니합니다.

1. 피보험자의 고의
2. 계약자(법인인 경우에는 그 이사 또는 법인의 업무를 집행하는 그 밖의 기관)의 고의
3. 전쟁, 외국의 무력행사, 혁명, 내란, 사변, 폭동, 소요, 기타 이들과 유사한 사태
4. 지진, 분화, 해일 또는 이와 비슷한 천재지변
5. 핵연료 물질(사용된 연료를 포함합니다) 또는 핵연료 물질에 의해서 오염된 물질(원자핵분열 생성물을 포함합니다)의 방사성, 폭발성, 또는 그 밖의 유해한 특성에 의한 사고
6. 제5호 이외의 방사선을 쬐는 것 또는 방사능 오염

② 회사는 제1항 제1호 및 제2호의 사유가 발생한 때에는 이 특약을 해지할 수 있으며 이 경우 다음과 같이 합니다.

1. 제1항 제1호의 경우에는 이미 납입한 보험료를 계약자에게 돌려드립니다.
2. 제1항 제2호의 경우에는 이미 납입한 보험료를 돌려드리지 아니합니다.

③ 회사는 그 원인의 직접, 간접을 묻지 아니하고 다음에 열거한 배상 책임을 부담함으로써 입은 손해는 보상하여 드리지 아니합니다.

1. 피보험자의 직무수행에 직접 기인하는 배상 책임
2. 보험가입증서(보험증권)에 기재된 주택을 제외하고 피보험자가 소유, 사용 또는 관리하는 부동산에 기인하는 배상 책임
3. 피보험자의 피용인이 피보험자의 업무 종사 중에 입은 신체의 장해(신체의 상해, 질병 및 그로 인한 사망을 말합니다)에 기인하는 배상 책임
4. 피보험자와 타인 간에 손해배상에 관한 약정이 있는 경우 그 약정에 따라 가중된 배상 책임
5. 피보험자와 세대를 같이하는 친족에 대한 배상 책임
6. 피보험자가 소유, 사용 또는 관리하는 재물의 손해에 대하여 그 재물에 대하여 정당한 권리를 가진 사람에게 부담하는 배상 책임. 단, 호텔의 객실이나 객실 내의 동산에 끼치는 손해에 대하여는 그러하지 아니합니다.
7. 피보험자의 심신 상실에 기인하는 배상 책임
8. 피보험자 또는 피보험자의 지시에 따른 폭행 또는 구타에 기인하는

배상 책임

9. 항공기, 선박, 차량(원동력이 인력에 의한 것은 제외합니다), 총기(공기총은 제외합니다)의 소유, 사용, 관리에 기인하는 배상 책임
10. 주택의 수리, 개조, 신축 또는 철거공사로 생긴 손해에 대한 배상 책임. 그러나 통상적인 유지, 보수작업으로 생긴 손해에 대한 배상 책임은 보상합니다.
11. 폭력 행위로 기인하는 배상 책임

보통약관 제17조(주소변경통지)

① 계약자(보험수익자가 계약자와 다른 경우 보험수익자를 포함합니다)는 주소 또는 연락처가 변경된 경우에는 지체 없이 그 변경내용을 회사에 알려야 합니다.
② 제1항에서 정한 대로 계약자 또는 보험수익자가 변경내용을 알리지 않은 경우에는 계약자 또는 보험수익자가 회사에 알린 최종의 주소 또는 연락처로 등기우편 등 우편물에 대한 기록이 남는 방법으로 회사가 알린 사항은 일반적으로 도달에 필요한 기간이 지난 때에 계약자 또는 보험수익자에게 도달된 것으로 봅니다.

▷ 임대인(화재(폭발 포함) 배상 제외) 배상 책임 특별약관

제1조 (보상하는 손해)

① 회사는 보험증권에 기재된 이 특별약관의 보험기간(이하 '보험기간'이라 합니다) 중에 피보험자가 임대해 준 보험증권에 기재된 주택(주

거용으로 사용되는 부동산에 한합니다. 이하 '보험의 목적'이라 합니다)에 생긴 우연한 사고(이하 '사고'라 합니다)로 피보험자가 타인의 신체 장해에 대한 법률상의 배상 책임(이하 '대인 배상 책임'이라 합니다) 또는 타인의 재물의 손해에 대한 법률상 배상 책임(이하 '대물 배상 책임'이라 합니다)을 부담함으로써 입은 손해(이하 '배상 책임손해'라 합니다)를 이 특별약관에 따라 보상합니다.

제2조 (보상하지 않는 손해)
① 회사는 아래와 같은 사유로 생긴 배상 책임을 부담함으로써 입은 손해는 보상하지 않습니다.
1. 계약자, 피보험자 또는 이들의 법정대리인의 고의
2. 전쟁, 혁명, 내란, 사변, 테러, 폭동, 소요, 노동쟁의, 기타 이들과 유사한 사태
3. 지진, 분화, 홍수, 해일 또는 이와 비슷한 천재지변
4. 핵연료물질 또는 핵연료물질에 의해서 오염된 물질의 방사성, 폭발성 또는 그 밖의 유해한 특성 또는 이들 특성에 의한 사고
5. 제4호 이외의 방사선을 쬐는 것 또는 방사능 오염

② 회사는 피보험자가 아래에 열거한 배상 책임을 부담함으로써 입은 손해는 보상하지 않습니다.
1. 피보험자의 직무수행을 직접 원인으로 하는 배상 책임
2. 보험증권에 기재된 주택을 제외하고 피보험자가 소유, 사용 또는 관리하는 부동산으로 인한 배상 책임

3. 피보험자의 피용인이 피보험자의 업무에 종사 중에 입은 신체의 장해로 인한 배상 책임
4. 피보험자와 타인 간에 손해배상에 관한 약정이 있는 경우 그 약정에 따라 가중된 배상 책임
5. 피보험자와 세대를 같이하는 친족에 대한 배상 책임
6. 피보험자가 소유, 점유, 임차, 사용하거나 보호, 관리, 통제(원인에 관계없이 모든 형태의 실질적인 통제행위를 포함합니다)하는 재물이 손해를 입었을 경우에 그 재물에 대하여 정당한 권리를 가진 사람에게 부담하는 손해에 대한 배상 책임
7. 피보험자의 심신상실로 인한 배상 책임
8. 피보험자 또는 피보험자의 지시에 따른 폭행 또는 구타로 인한 배상 책임
9. 항공기, 선박, 차량(원동력이 인력에 의한 것을 제외합니다), 총기(공기총을 제외합니다)의 소유, 사용 또는 관리로 인한 배상 책임
10. 보험의 목적 수리, 개조, 신축 또는 철거공사로 생긴 손해에 대한 배상 책임. 그러나 통상적인 유지, 보수작업으로 생긴 손해에 대한 배상 책임은 보상합니다.
11. 폭력행위로 인한 배상 책임
12. 보험의 목적에서 발생한 화재·폭발 사고로 인한 배상 책임
13. 티끌, 먼지, 석면, 분진 또는 소음으로 생긴 손해에 대한 배상 책임
14. 전자파, 전자장(EMF)으로 생긴 손해에 대한 배상 책임
15. 벌과금 및 징벌적 손해에 대한 배상 책임

저금리 시대의 대안

최근 주변에서 주식투자하는 사람들을 쉽게 찾아볼 수 있다. 주식시장이 호황이기 때문일까?

그렇지 않다. 오히려 지수는 2011년부터 1900~2000 포인트의 박스권을 벗어나지 못하고 있다. 그럼에도 불구하고 왜 많은 사람들이 주식투자를 할까? 아마도 저성장이 원인일 것이다.

최근 IMF와 OECD는 세계 경제 성장률을 3.6%, 3.3%에서 각각 3.4%, 3.0%로 낮추었다. 저성장이 더욱 깊어지고 있다는 것이다. 이를 극복하기 위해 세계 각국은 금리를 낮추기 시작했고, 국내 기준금리 역시 1.5%까지 하락했다. 그 결과 예·적금 이자만으로는 물가상승률조차 따라잡지 못하는 상황이 되었고 전세나 소유 개념이 아닌 월세나 렌트 같은 트렌드들이 나타나기 시작했다. 그리고 주식투자 역시 이런 변화 속에서 최근 부상하기 시작했다.

하지만 주식을 처음 하는 사람들은 선뜻 엄두가 나지 않는다. 손실에 대한 두려움이 앞서기 때문이다. 사실 금융 선진국들은 자산에서 주식이 차지하는 비중이 꽤 크지만 우리나라는 아직까지 부동산 비중이 더 크다. 부동산에 대한 기대와 주식투자에 대한 불신의 결과다. 하지만 시간문제일 뿐 투자의 흐름은 결국 주식으로 넘어올 것으로 생각한다. 투자에 있어 주식은 더 이상 외면할 수 없는 현실인 셈이다.

그럼 이제 주식을 시작한다고 가정해 보자. 소중한 자금을 잃지 않고 투자하려면 어떻게 해야 할까? 먼저 몇 가지 준비자세를 언급하고자 한다. 다소 식상할 수 있지만 가장 중요한 부분이라고 할 수 있다.

주식투자에 앞서 알아야 할 것들

첫째, 공부해야 한다

물건을 구매할 때는 까다롭지만 정작 주식을 매매할 때 공부하는 사람은 흔치 않다. 최소한 사업 내용, 시가총액, 매출액 같은 기본적인 부분은 알고 시작해야 한다. 최근엔 네이버나 다음 같은 포털사이트 증권 페이지에서 이런 정보를 쉽게 찾아볼 수 있다. 그리고 스스로 알아보는 게 중요한 이유는 자신이 잘 알지 못하는 기업은 불안감에 쉽게 손절해 버리고 말기 때문이다.

둘째, 시간적 여유가 있는 자금으로 투자한다

투자의 대가들도 시간과의 싸움에 지쳐 실패하는 경우가 많다. 빚은 물론이고 자신의 보유자산 내에서도 오랜 시간 견딜 수 있는 자금만 투자해야 한다. 이때 중요한 것은 좋은 기업 주식을 오래 들고 가는 것이다.

셋째, 시가총액이 큰 기업부터 시작한다

많은 사람들이 빨리 수익을 내기 위해 변동성이 큰 주식에 투자하지만 반드시 좋은 수익으로 연결되는 것은 아니다. 오히려 손실이 발생하면 회복하는 데 더 오랜 시간이 걸린다. 그리고 이때 자신이 공부해서 잘 알고 있는 대형주를 사게 되면 주가가 잠시 하락하더라도 안심하고 견딜 수 있다. 실제 주식투자를 하다 보면 수익률에 있어 심리적인 부분이 차지하는 비중이 매우 크다는 것을 알게 된다.

넷째, 스스로 잘 알거나 주변에서 쉽게 접할 수 있는 분야에 투자한다

최근 원유가 급락했다. 원유 하락 수혜주는 어떤 종목일까? 많은 전문가들이 수혜주를 예측하지만 실제로 그 사업에 종사하는 당사자가 가장 잘 알 것이다. 자신이 몸담고 있는 분야에서 잘 찾아보면 상장되어 있는 기업들이 꽤 있다. 그 분야만큼은 스스로가 전문가임을 알아야 한다. 주부의 경우는 내수주에서 누구보다 전문가다. 마트에서 특정 제품 매출이 집

계되기도 전에 이미 주부들은 어떤 제품이 인기가 있고 많이 팔리는지 안다. 이런 경쟁력을 스스로가 잘 살린다면 종목을 선정하는 데 있어 큰 어려움이 없을 것이다.

마지막으로 목표 수익률을 낮춰라

주식투자하는 사람들은 늘 목표 수익률이 높다. 과거에는 은행금리만으로도 충분했기 때문에 당연히 주식에 대한 기대수익률이 높을 수밖에 없었다. 하지만 지금은 저금리(현재 은행금리 1.5%~2.0%) 시대이다. 오마하의 현인이라는 워렌버핏의 연평균 수익률이 20%임을 감안할 때 8~10%는 결코 적지 않은 훌륭한 수익률임을 알 수 있다.

잃지 않는 투자

　누구나 큰돈을 벌고 싶어 하고 높은 수익률을 원한다. 그러면서 원금은 지킬 수 있는 투자처를 찾는다. 당연한 듯 보이지만 사실 굉장히 모순적인 태도다. 물론 리스크에 대한 상대적인 수익률을 고려해야겠지만 세상에 그런 좋은 기회는 쉽게 접할 수 없다.

　고객을 상담하다 보면 "은행 이자는 너무 적어요. 그런데 이 돈은 절대 손실이 나면 안 돼요"라는 말을 많이 듣는데 그럴 때마다 고객들에게 은행에 가는 것을 추천한다. 손실이 나면 안 되는 돈을 왜 투자하는가?

　결론부터 말하면 이 세상에 잃을 수 없는 투자는 없다. 흔치 않은 사건일 뿐 가장 안전하다고 생각하는 은행조차 파산할 가능성이 없다고 볼 수 없다. 핵심은 스스로가 감당할 수 있는 리스크의 한계를 인지하고 그에 적합한 투자를 하는 것이다. 앞에서 '주식투자에 앞서 알아야 할 것들'이란 주제로 다섯 가지 준비 단계를 언급한 바 있다. 이번 글을 읽기 전에 다시 한 번 참고하면 투자의 틀을 잡아가는 데 좀 더 도움이 될 것 같다.

〈주식투자에 앞서 알아야 할 것들〉
1. 자신이 직접 공부해야 한다.
2. 시간적 여유가 있는 자금으로 해야 한다.
3. 시가총액이 큰 기업부터 시작해야 한다.
4. 스스로 잘 알거나 주변에서 쉽게 접할 수 있는 분야에 투자하는 것이 좋다.
5. 목표 수익률을 낮춰라.

투자에 대한 마음가짐을 갖췄다면 어떻게 리스크를 최소화하고 수익을 창출할지 고민할 차례다.

첫째, 잃지 않는 투자는 없다. 투자라는 것 자체가 리스크를 안고 그 이상의 수익이 기대될 때 거래가 이루어지는 것이기 때문이다. 다만 스스로 떠안을 수 있는 리스크의 크기를 파악하고 리스크와 수익 중 어느 쪽이 더 큰지를 판단해야 한다.

둘째, 나에게 어울리는 투자 방법을 선택해야 한다. 주식을 바라보는 관점은 여러 가지가 있다. 가치투자(저평가), 트렌드, 단기적인 이슈, 차트매매 등 많은 방법들이 있는데 이 중에서 자신과 잘 맞는 투자방법을 찾아야 한다. 자금성향, 기대수익률, 성격 등 많은 요소들이 투자방법에 영향을 미치는데, 처음엔 몇 번의 시행착오를 겪겠지만 모의투자나 적은 금액의 투자를 통해 데이터를 쌓아가다 보면 보다 쉽게 찾을 수 있을 것이다.

셋째, 기본적인 지표에 대한 이해가

필요하다. 일반인이 전문가들처럼 주식의 정확한 목표가나 타이밍을 분석하는 것은 어렵지만 기본적인 지표만으로도 방향은 예측할 수 있다.

넷째, 회사의 오너라는 입장에서 주식을 바라봐야 한다. 사업을 하는 사람 중 회사가 어렵기를 바라는 사람은 아무도 없다. 임직원들 역시 회사가 잘되기를 바라지만 오너만큼 간절하지는 않을 것이다. 이 부분은 당연한 것 같으면서도 사실 생각보다 중요한 포인트다.

아래는 위에 언급한 네 가지를 통해 투자하는 데 있어 필요한 참고 지표들이다.

1. 손절매

주식투자를 하다 보면 예상과 반대로 흘러가는 경우가 비일비재하다. 이때 중요한 것이 손절매인데 앞에서 언급한 첫 번째 부분에 해당한다. 내가 떠안을 수 있는 손실이 -5%라면 -5%에서 투자를 중단해야 한다. 회사를 제대로 분석했고 믿음이 있다면 더 감당할 수 있겠지만 그게 아니라면 일단 투자를 멈추어야 한다. 합리적이고 기계적인 손절라인 설정은 리스크 관리에 아주 중요하다. 절대 막연한 장기투자로 이어져서는 안 되겠다.

2. 매출(매출액, 영업이익, 순이익)

주식투자에는 많은 투자 포인트들이 있지만 결국 기본은 매출에서 시작한다. 매출이 늘어나는 회사는 가치투자, 트렌드, 단기이슈, 차트매매 등 모든 부분에서 맞아떨어진다. 회사의 전망이나 기업가치를 분석하는 게 어렵다면 우선 매출을 보면 된다. 매출이 커진다는 것은 결국 회사가 올바른 방향으로 가고 있다는 것이기 때문이다. 매출이 꾸준하다면 그다음은 영업이익과 순이익이다. 회사가 커져가는 것도 중요하지만 수익을 내지 못한다면 이 또한 무의미하다. 영업이익과 순이익은 회사가 건전한 매출을 올리고 있다는 것을 확인시켜 주는 지표로 볼 수 있다. 무엇보다 매출(매출액, 영업이익, 순이익)이 꾸준한 회사는 어려운 시장 속에서도 결국 좋은 결과로 이어지곤 한다.

3. PER, PBR

간략하게 말하자면 PER은 회사가 규모(시가총액)에 비해 얼마나 돈을 잘 버는지, PBR은 회사가 가진 가치(자산가치)가 주식에 얼마나 반영이 되어 있는지를 측정하는 지표다. 우선 두 지표는 모두 낮은 게 좋다. 하지만 낮다고 꼭 좋은 것도 아니다. 그렇다면 이 두 지표를 어떻게 활용해야 할까? 주식을 골랐다면 그 주식이 속한 업종에서 대표되는 주식과 비교해 보아야 한다. 우리가 흔히 말하는 대장주는 대부분 시장의 많은 관심을 받기 때문에 적절한 가치를 인정받은 경우가 대부분이다. 때문에 같은 업종 내의 대장주와 비교를 통해 개별 주식의 위치를 확인할 수 있다.

4. 대주주

회사 주인은 늘 자신의 회사가 더 잘되기를 바란다. 그렇다면 이런 마음이 더 간절한 주인이 있는 회사의 주식을 사면 되지 않을까?

첫째로 회사 지분을 많이 갖고 있는 대주주일수록 더 그럴 것이다. 대주주의 지분이 높은 주식을 사자. 둘째로 대주주가 유리한 회사 주식을 사자. 많은 계열사들을 거느린 회사들이 있는데 그중에서도 주가가 오를수록 대주주에게 유리한 회사 혹은 주가가 빠질수록 대주주에게 유리한 회사가 있다. 이 두 가지만 참고하더라도 주식투자에 큰 도움이 된다.

5. 배당

배당은 기관이나 외국인들이 투자하는 데 있어 중요하게 생각하는 지표 중 하나이다. 즉 큰 수급이 반영돼 적은 금액으로 주가의 방향을 결정지을 수 없다. 첫째로 배당은 주가의 하방을 튼튼하게 해준다. 배당을 많이 주는 회사는 매출이 좋은 회사다. 결국 순이익의 일부분을 주주들에게 나누어주는 것이기 때문에 꾸준한 배당을 하는 회사는 현금흐름이 좋은 회사다. 둘째로 앞서 언급한 대주주와 연결되는 부분인데, 대주주는 회사로부터 많은 배당을 받아가고 싶어 한다. 합법적으로 회사의 자금을 개인이 가져갈 수 있는 수단이기 때문이다. 대주주의 지분이 높고 배당을 많이 주는 기업을 찾아보자.

잃지 않는 투자는 없지만 잃지 않기 위해 노력할 수는 있다. 앞서 언급한 지표들을 통해 기업을 찾는다면 보다 안전한 투자를 할 수 있을 것이다.

주식투자의 첫걸음, 주식투자 지표 바로 알기

저금리 시대의 대안 그리고 잃지 않는 투자에 이어 세 번째는 투자에 있어 기본적으로 참고해야 할 지표들에 대해 살펴보고자 한다.

지표란 기업의 재무적인 부분을 눈으로 쉽게 파악하기 위해 수치화한 것인데 PER, PBR, ROA, ROE 등이 그것이다. 주식투자에 참고할 수 있는 많은 지표들이 있지만 이번 기사에서는 흔히 '가치투자'라고 불리는 투자에 필요한 지표들을 알아보자.

1. PER(주가수익비율)

PER과 PBR은 앞서 언급한 적이 있는데 다시 한 번 정리하면 주가를 주당순이익(EPS)으로 나눈 값으로 주식이 1만 원일 때 주당순이익이 1,000원이라면 주가/주당순이익은 10이라는 값이 나온다(10,000/1,000 = 10). 쉽게 말해 회사가 지금의 순이익을 꾸준히 10년간 번다면 회사의 현재 가치만큼 돈을 벌 수 있다는 의미이다. 다시 말해 10년을 기다리면 투자금액만큼 수익이 난다.

PER 지표는 성장성 지표로 볼 수 있는데 제약, 바이오, IT 등과 같은 성장산업에선 PER이 중요하다. 이론적으론 낮은 PER이 좋은 기업이라고 할 수 있는데 이는 업종마다 성장성에 대한 특성이 다르기 때문에 업종평균 PER과 해당 기업의 PER을 비교해 가며 종목을 선정해야 한다.

일반적으로 음식료, 통신과 같은 내수주들은 PER이 낮은 편이고 제약, IT, 화장품 등 성장산업들은 PER이 높다. 단 1회성 수익으로 인해 PER이 낮아 보이거나 성장성의 결여로 기업가치를 낮게 평가받는 경우도 있기 때문에 무조건 낮다고 좋은 것은 아니다.

2. PBR(주가순자산비율)

PBR은 주가를 주당순이익으로 나눈 PER과 달리 주당순자산(BPS)으로 나눈 값이다.

PER이 현재 주식의 가치를 수익성으로 평가했다면 PBR은 회사가 가지고 있는 자산 가치를 현재 주가와 비교했다고 볼 수 있다.

예를 들어 주가가 1만 원일 때 회사의 1주당 가치가 1만 원이라고 하면 주가는 회사의 내재가치를 1:1(10,000/10,000 = 1)로 반영하고 있는 것이다. 하지만 주가가 똑같이 1만 원일 때, 회사의 가치가 2만 원이라고 하면 10,000/20,000 = 0.5배로 주가가 저평가되어 있다고 볼 수 있다. 우리가 흔히 말하는 가치투자라는 척도에서 중요한 지표인데 PBR이 1 이하라면 기업의 시가총액이 현재의 장부가보다 싸기 때문에 기업을 인수한 후 바로 매각하더라도 수익이 남는 기업이다.

PBR도 PER과 마찬가지로 그 값이 낮을수록 저평가되어 있다고 볼 수 있는데, 산업별로 평균 PBR이 다르기 때문에 업정평균과 비교하는 과정이 필요하다.

일반적으로 은행, 철강, 에너지, 통신과 같은 자산주들의 PBR이 낮고 화장품과 같은 성장산업이나 서비스업의 경우 무형의 가치가 크기 때문에 PBR이 높게 나타난다. PBR은 대체적으로 낮은 게 저평가는 맞으나 과도한 자산보유는 회사의 성장성 결여로 이어지기도 하므로 주의해야 한다.

3. 액면가

주식투자를 할 때 시가(주식의 현재가)를 주로 보게 되는데 시가만큼 중요한 지표가 액면가이다. 액면가란 회사가 처음 설립될 당시의 자본금을 기준으로 표시한 가격인데, 흔히 우리가 아는 시가가 시가총액을 주식수로 나눈 가격이라면 액면가는 회사의 자본금을 주식수로 나눈 가격이다. PBR은 회사의 자산가치(자본+부채)를 총 주식수로 나눈 반면 액면가는 자본을 총 주식수로 나눈 값이기 때문에 좀 더 보수적인 지표라고 볼 수 있다.

현재의 주가가 액면가와 크게 차이가 없다면 그동안 회사가 성장하지 못했다고 볼 수도 있지만 수익적인 측면에서 큰 문제가 없다면 반대로 더 이상 하락하기 어려운 상황의 기업이라고 볼 수 있다. 하지만 주의할 점은 회사의 자본잠식(회사의 적자가 자본금을 깎아내리는 상태) 유무를 체크해 가며 투자해야 한다는 것이다.

4. 배당성향

증권시장에서 강력하게 추진한 일 중 하나가 기업의 배당 확대정책이다. 기업은 미래의 불확실성에 대비하기 위해 현금을 쌓아놓는 경향이 있는데, 이는 고용증대 및 투자 활성화를 위해 정부가 배당을 독려한 것이다.

 사실 국내 시장은 선진국에 비해 배당성향이 낮은 편인데, 앞으로 국내 증권금융시장이 선진화되는 과정에서 배당의 확대는 필수적이다.

 전 세계적으로 성장성이 둔화되어 가는 추세에서 기업들은 투자보다는 배당을 통해 주주들을 독려할 것이기 때문에 앞으로는 성장주뿐 아니라 배당주도 눈여겨봐야 한다. 대표적인 배당주는 통신·에너지·은행 등을 볼 수 있고, 앞으로 배당 확대가 예상되는 기업은 삼성전자·현대차 등이 있다.

 가장 쉽게 배당을 확인할 수 있는 방법은 배당수익률(배당/현재주가)인데 은행의 금리라고 생각하면 된다. 여기서 추가로 참고할 점은 배당성향인데, 배당성향이란 배당금/순이익을 말한다. 회사가 한 해 동안 사업으로 번 돈의 몇 %를 배당으로 지급하는지를 나타내는 지표이다.

 이 둘을 잘 활용하면 기존의 배당수익률은 높으면서 배당성향이 낮아 앞으로 배당성향을 더 확대해 결과적으로는 배당수익률이 더 높아지는 기업을 찾을 수 있을 것이다.

 이 밖에도 많은 지표들이 있지만 이 네 가지 지표만 참고하더라도 주식 투자로 큰 손실을 볼 가능성은 크게 줄어든다.

거시지표 바로 알기

그동안 재무지표, 차트, 정성적 지표 등 개별지표에 대해 설명했다면 이번 글에서는 개별지표와 함께 중요한 접근방법 중 하나인 거시지표에 대해 설명하고자 한다.

두 가지 지표 중 어느 것을 우선순위에 두느냐에 따라 TOP-DOWN(거시지표 → 개별지표), BOTTOM-UP(개별지표 → 거시지표) 방식으로 구분되는데, 개인의 성향에 맞는 접근법을 선택하면 된다. 먼저 거시지표의 정의를 짚고 넘어가보자.

▶ **거시경제지표란?**

국민소득이나 물가수준 등 국민경제 전체를 대상으로 수집·분석한 경제지표를 말한다. 거시경제지표는 '각 경제주체(가계·기업·정부) 활동의 합이 어떻게 나타나는가를 알려주는 국민소득, 물가, 국제수지, 실업률, 환율, 통화증가율, 이자율 등으로 국가적 차원에서 경제상황을 판단할 수 있는 기준으로 활용된다'라고 정의되어 있다.

말 그대로 현재의 경제 상황을 수치화해 보여주는 지표들이다. 하지만 이런 숫자들을 접했을 때 추상적인 개념만 있을 뿐 좋다, 나쁘다의 기준을 갖기는 어렵다. 왜일까?

첫째, 경기가 아무리 좋아지고 있다고 해도 개인이 피부로 느끼기가 어렵다. 둘째, 세계적인 저성장으로 인해 경기가 좋아지고 있어도 기저효과로 인한 상대적인 경기개선일 뿐 과거 우리가 경험했던 고성장을 느끼기 어렵다.

하지만 시대가 변했다면 그에 맞는 투자 방법을 찾아야 한다. 힘든 와중에도 분명 우리가 체크할 수 있는 지표들이 있다. 주변에서 쉽게 접할 수 있는 지표로는 금리, 환율, GDP 등이 있는데 이번 글에서는 많은 지표들 중 주식과 가장 연관성이 큰 중요한 지표들 위주로 설명하고자 한다.

▶ 금리

많은 주식관련 서적을 보면 거시지표 중에서 가장 중요하게 언급하는 것 중 하나가 '금리'다. 금리가 높으면 굳이 투자할 필요가 없다. 과거 우리나라가 그랬다.

은행이자가 10% 넘는 고금리 시대였기 때문에 누구나 열심히 저축만 하면 목돈 만들기가 가능했다. 하지만 금리가 떨어지면서 사람들이 새로운 투자처를 찾기 시작했고 마침 주식시장이 떠오르면서 너도나도 펀드에 가입했다. 그리고 많은 사람들이 큰 수익을 거뒀고, 금리가 낮아질 때 주식에 투자해야 된다는 법칙까지 생겨났다.

그렇다면 지금과 같이 금리가 낮아질 때 주식투자를 했어야 했고, 앞으로는 금리가 올라가니 투자를 줄여야 할까? 사실 그렇게 간단하지만은 않다. 과거 시장개방이 제한된 상황에서의 투자라면 몰라도, 지금은 한 나라의 금리가 다른 나라의 경제 상황에 많은 영향을 미치는데 미국이나 일본이 대표적이다.

저금리로 인한 주식시장으로의 자금 유입은 필연적이지만 주식투자 관점에서 금리라는 지표는 주식투자의 지표가 아닌 환율의 변화요인으로 보는 것이 맞는 것 같다.

▶ 환율

환율이라는 말을 들었을 때 가장 먼저 떠오르는 것은 무엇일까? 여행비? 유학비? 혹은 국내 기업들의 수출입 등 많은 것들이 연상될 것이다. 그렇다면 주식시장에서 환율이 갖는 의미는 어떤 것일까? 뉴스에서 주가를 알려줄 때 환율이나 유가를 주가와 나란히 보여준다. 그만큼 환율이 주식시장에 미치는 영향은 크다.

국내 투자자들은 주식에 투자할 때 주가의 변화만 신경 쓰면 된다. 원화로 주식을 매입하기 때문이다. 반면 외국인들은 국내 주식에 투자하려면 달러를 원화로 환전한 후 주식을 매입해야 한다. 다양한 헷지 방법이 있지만 환율에 고스란히 노출된다고 가정할 경우 총수익에 미치는 환율의 영향은 절대적이다.

실제로 많은 외국인 투자자들은 주식 자체의 차익보다는 환율에 의한 환차익으로도 많은 수익을 낸다. 미국의 금리인상을 우려하는 이유도 외국인 자금 이탈로 인한 환율 상승이 발생하기 때문이다.

기본적으로 한국은 수출입으로 경제를 이끌어가는 나라이니 만큼 원화약세가 경제에 큰 도움이 되지만, 주식시장에서 만큼은 원화가 강세일 때 시장이 강세장인 경우가 많다. 그렇다면 원화 강세시기에 환율 혜택까지 볼 수 있는 기업을 찾아보면 어떨까?

▶ 경제성장률

앞서 기고했던 '저성장 시대의 대안'에서 '최근 IMF와 OECD는 세계 경제성장률을 각각 3.6%, 3.3%에서 각각 3.4%, 3.0%로 낮추었다'라고 언급했었다. 과거의 평균치에 비해 성장속도가 둔화되고 있다는 사실은 누구나 알고 있다.

여기서 언급하고 싶은 것은 여러 매체에서 언급되는 중국 성장률의 둔화 문제에 대해서다. 중국 경제성장률이 7%에서 6%대로 떨어진 지금 많은 사람들이 중국의 성장둔화로 인한 세계 경제 위축을 경계한다. 한번 반대로 생각해 보자.

한국의 경제성장률은 3%대도 아슬아슬한 수준이다. 그런데 G2 국가 중 하나인 중국이 6%대 성장이면 대단한 것이 아닐까? 정말 중국을 걱정한다면 그림자 금융을 걱정해야 할 것이다. 이뿐 아니라 무서워 보이는 지표들 중 사실 걱정하지 않아도 되는 경우가 많다. 많은 지표들 중에서 유용한 지표를 선별할 줄 아는 눈을 가져야 한다.

이 밖에도 유가, 제조업지수 등 여러 가지 지표들이 있다. 신문이나 TV에서 여러 지표들을 접할 때 단순히 듣고 넘기기보다 각 지표가 갖는 의미가 무엇일지 생각해 보는 습관이 투자에 많은 도움이 될 것이다.

주식투자의 기본적 분석과 기술적 분석

앞서 주식투자의 준비자세와 기본적 분석에 대해 설명했다. 최소한의 핵심을 설명하다 보니 언급하지 못한 부분들도 많지만 기본기를 갖추기에는 충분하다고 생각된다. 이제 기본기는 어느 정도 갖추었다고 보고 기본적 분석과 늘 비교되는 기술적 분석에 대해 언급해 보고자 한다.

기본적 분석과 기술적 분석에 대해 많은 논쟁들이 있지만 개인적으론 둘 다 중요하다고 생각한다. 기본적 분석에만 의존해서 언제 오를지도 모르는 주식을 무작정 들고 가기엔 시간이 너무 아깝고, 다른 사람들의 성공 이야기를 들을 때마다 조바심이 나고 배가 아프다. 그리고 회사의 기본적인 사업 내용과 재무상태도 모른 채 가격이동평균선(흔히 5일선, 10일선, 20일선으로 알고 있는 지표), 거래량, 매물대 등과 같은 기술적 지표만 참고하여 투자하기에는 불안하다.

따라서 기본적으로 우수한 회사를 선별하고, 선별한 회사들을 모아 포트폴리오를 구성하고, 그중에서 반응이 오기 시작하는 주식을 투자하는 것이 가장 현명한 방법이 아닐까 싶다. 물론 개인마다 기대하는 타이밍의 기간이 다를 수 있다. 어떤 사람은 사자마자 반응이 오는 주식을 원할 수도 있고, 어떤 사람은 한 달의 기간도 충분히 만족할 만한 타이밍이라고 생각할 수 있다. 이 부분은 지극히 개인적인 부분인 만큼 자신의 취향에 맞는 투자 타이밍을 찾을 필요가 있다.

그럼 기술적 분석이란 무엇일까? 기술적 분석의 사전적 의미를 살펴보면 과거 주식의 가격이나 거래량 같은 자료를 이용하여 주가 변화의 추세를 발견해 내어 미래의 주가를 예측하는 방법이라고 정의되어 있다. 또 주가는 시장의 수요와 공급에 의해서 결정된다는 가정 아래에서 출발한다고 되어 있다.

여기서 중요한 포인트는 주가가 수요와 공급에 의해 결정된다는 것이다. 흔히들 패턴을 분석하려 노력하지만 패턴 자체를 분석하기보다는 왜 그런 패턴이 나왔는지 수요와 공급의 관점에서 분석하는 것이 타이밍을 잡는 데 도움이 된다.

다음으로 기술적 분석하면 가장 먼저 떠올리는 방법이 무엇일까? 이슈를 통한 방법이나 계절성, 테마주 등 많은 기술적 분석들이 있지만 가장 먼저 떠올리는 방법은 아마 차트일 것이다. 차트의 사전적 의미를 보면 '주식시장에서 주가 변동을 막대그래프로 알기 쉽게 정리해 놓은 일람표'라고 되어 있다. 즉 한눈에 주가의 추이를 알기 쉽게 그림으로 보여주는 것이다.

흔히 차트매매라고 하면 단타매매를 생각하는데 틀린 말은 아니다. 다만 단타가 짧은 기간 동안 매수와 매도만 하는 것을 의미하는 것이 아니라 오르기 전까지의 보유기간을 최대한 짧게 줄인다는 생각으로 접근하는 것이 바람직하다.

개인적으로도 주식투자에 있어 차트에 많은 부분을 의지하고 있다. 주식시장은 대량으로 쏟아져 나오는 많은 정보들을 반영하여 합리적인 가격을 이루고 있는 것 같아 보이지만 사실 우리가 생각하는 것만큼 시장은 효율적이지 못하다. 때문에 아무리 기본적 분석이 훌륭하더라도 시장의 관심을 언제 받게 될지는 아무도 모른다. 이런 괴리를 축소하기 위해 시장의 참여자들이 회사의 가치를 인정하는 시점을 매수 타이밍으로 보는 것이고, 이 타이밍을 잡아내는 것이 차트라고 생각한다.

그럼 본격적으로 차트에 대해 살펴보도록 하겠다. 주식투자를 해본 분들이라면 아마 가장 친숙한 차트가 이동평균선일 것이다. 개인적으론 이동평균선에 많은 의미를 부여하지 않지만 많은 사람들이 보는 지표인 만큼 참고지표로 활용하는 것은 유용하다고 본다. 이 밖에 RSI, MACD 등 타이밍을 알려주는 지표들이 많지만 과거의 데이터를 바탕으로 현재의 상황만을 알려줄 뿐 앞으로의 변화를 선방하는 데 큰 도움이 되지 않는다고 생각한다. 그럼 어떤 지표가 유용할까?

이번 글에서는 개인적으로 가장 좋아하는 지표인 일목균형표와 거래량 차트에 대해 설명하겠다. 일목균형표는 다소 생소하겠지만 이름 그대로 일목(一目)인 만큼 익숙해지는 데 크게 어렵지 않을 것이다.

아래 차트는 삼성전자의 최근 주가에 일목균형표를 적용한 모습이다. 이해를 돕기 위해 이동평균선도 함께 넣어두었다. 주가의 흐름을 보면 생각보다 이동평균선의 흐름과 맞지 않는 부분들이 보인다. 이유가 무엇일까? 이동평균선은 말 그대로 주가의 평균이다. 10일선은 10일의 평균값을, 20일선은 20일의 평균값을 보여준다. 그럼 주가의 평균값을 안다고 주가의 방향을 예측할 수 있을까?

개인적으로는 조금 어렵다고 본다. 아래에 보이는 푸른색 영역과 붉은

색 영역을 전문용어로 '구름대'라고 한다. 다만 이동평균선이 저항대 역할을 하듯이 구름대 역시 저항의 역할을 한다는 것만 알아두면 된다.

그리고 그 저항대를 뚫었을 때는 반대로 지지대가 되어 그 추세가 이어지는 모습을 보인다. 그렇다면 이동평균선과 구름의 차이점은 무엇일까? 이동평균선이 단순 평균값인데 반해 일목균형표는 매수와 매도의 균형을 보여준다. 즉 앞에서 언급한 수요와 공급에 의한 가격변화를 나타낸다.

기본적으론 파란색 구름대를 뚫었을 때가 매수 타이밍이다. 그렇다고 모든 주식에 적용할 수 있는 만능은 아니지만 충분히 훌륭한 보조지표로서의 역할을 보여준다. 짧은 글에서 많은 부분을 언급하기 어려운 만큼 구체적인 이론에 대해선 시중의 책을 참고하는 것도 좋은 방법이다.

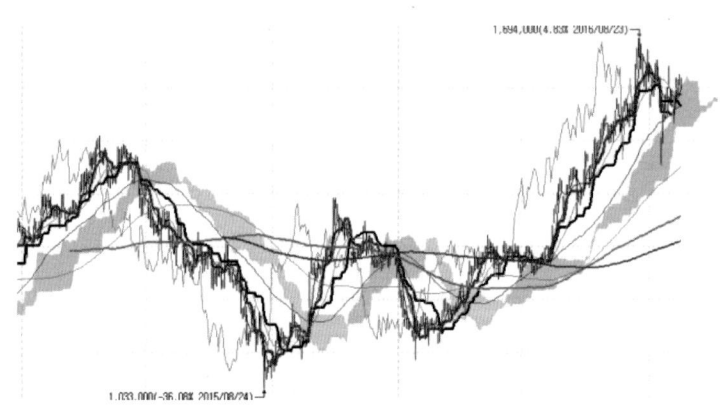

두 번째는 거래량 차트에 대해 언급해 보도록 하겠다. 차트 아래쪽에 막대기들이 오르락내리락하는 모습이 보인다. 이 막대기가 거래량을 나타내는데 하루하루의 거래량을 의미한다. 차트에서 거래량은 어떤 의미를 가지고 있을까? 주식의 가격변화는 수요와 공급의 변화라고 했다. 여기서 우리는 거래량이 많다는 것은 수요나 공급 둘 중 하나가 많았다는 것을 알

수 있다. 즉 위든 아래든 주가 방향의 변동성이 나올 수 있는 구간이라는 것이다. 아래는 삼성전자 차트인데 실제로 거래량이 크게 증가한 부분에서 가격 변화가 있는 모습을 볼 수 있다.

앞에서 언급했듯이 차트로 주가의 방향을 예측보다는 기본적 분석을 마무리한 후 주가 상승의 타이밍을 잡기 위한 지표로 활용하는 것이 좋다고 했다. 쉬는 것도 투자의 방법 중 하나라고 한다. 너무 조급하게 투자하지 말고 좋은 기업들을 몇 가지 준비해 놓고 타이밍이 왔을 때만 투자하더라도 충분하진 않지만 만족할 만한 수익률을 낼 수 있을 것이다.

이제는 주식도 임대사업하는 시대!

다들 부러워하는 건물 임대사업자처럼 이제 주식도 임대 가능한 시대가 열렸다. 바로 주식대여가 그것이다. 따라서 기존 주식투자의 재미인 배당금 + 이제는 대여 이익까지 챙길 수 있다.

주식대여란 고객이 보유한 상장주식을 증권사의 대여 시스템을 통해 해당 주식을 빌려준 후 일정기간 이후 증권사로부터 대여 수수료와 주식을 돌려받는 거래를 말한다.

1) 주식대여 서비스 구조

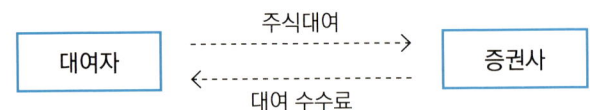

구조는 단순하다. 그렇다면 어떤 장점이 있을까? 첫째는 수익성이다. 대여거래로 인한 안정적인 수수료 수익 창출(연 2.5% 이상) + 기업가치 상승 시 평가 이익 + 배당 수익까지 챙길 수 있다. 둘째는 편리성이다. 별도 절차 없이 대여 중인 주식도 실시간 매도가 가능하다. 셋째는 안정성이다.

의결권 및 매수청구권을 제외한 배당 및 권리가 보전된다.

그렇다면 어떠한 투자자들에게 좋을까? ① 주식 본질의 가치에 투자하는 중장기 투자자 ② 보유 주식의 추가 수익 창출을 원하는 투자자에게 적합할 것이다.

〈주식대여 서비스 주요내용〉

구 분	내 용
대상 고객	주식계좌를 보유한 개인/법인 고객 중 대여 서비스 약정 고객
대여 가능 주식	거래소, 코스닥 시장에 상장된 주권(당사 기준에 따른 종목 선정)
대여 수수료율	연 2.5% 이상(해당 종목 수급동향 및 시장 상황에 따라 결정)
대여 수수료 지급	익월 15일 지급 * 대여 수수료 산정 방식 : 대여 수량×전일 종가 평가 금액×대여 수수료율×보유 기간/365를 산식으로 종목별 일괄 계산하여 월 단위로 합산하여 지급
대여 체결 순서	① 대상 종목의 대여 가능 수량이 많은 계좌 ② 대여 가능 수량이 동일한 경우 대여 약정일이 빠른 계좌 ③ 대여 약정일이 동일한 경우 계좌 개설이 빠른 계좌 ※ 회사는 대여 체결 수량 배정 시 대여자 및 대여 가능 잔고를 판단하여 배정 수량 조정
대여 가능 주식	유가증권 시장/코스닥 시장 상장 주식 중 회사가 정한 주식 약정계좌의 모든 현금 결제 주식(단, 대여 불가 지정 종목 제외) 코넥스, K-TOC, 관리종목, 투자주의/경고/위험, ELM, ETF, 질권, 압류, 선물대용, 보호예수, 신용 및 담보 주식 등 불가) 대여주식 출고 불가
대여주식 매도	정규장 실시간 매도 가능
주식대여 제한종목관리	대여 제한 종목 등록 및 해지 가능 종목 지정 시 대여 수량을 제외한 해당 종목 전량 제한 (전량 제한 지정 시에는 대여 상환 완료 후 등록)
권리	의결권, 매수청구권 이외 주식 관련 권리 보전 가능(현금 또는 주식으로 보전) ※ 의결권 : 의결권 행사 기준일 3 영업일 전에 대여 상환 신청 ※ 매수청구권 : 이사회 결의 공시 익영업일 오전까지 상환 신청

구 분	내 용
상환 방법	대여자가 회수를 원하면 장내 매도 주문 또는 대여 회수(3 영업일 이내) 신청 가능
대여 기간	대여 체결일로부터 1년(1년 단위 자동 연장)
세금	기타소득세 및 지방소득세 원천징수

이제 구체적으로 주식대여에 대하여 알아보자. 즉, 신청해서 불리할 게 하나도 없다. 몰랐던 팁이라면 이제라도 신청하자!

끝으로 주의 깊게 봐야 할 10가지 사항을 체크해 보자!

① 주식대여에 대한 수익 발생 시점은 고객이 주식대여 거래 약정을 신청한 시점이 아닌, 실질적으로 대여가 실행된 시점부터 발생하며, 대여 종목에 따라 연 2.5% 이상의 대여 수수료 수익이 발생한다.

② 대여주식으로부터 계산되는 배당수익은 배당소득으로 간주되어 배당소득세율 15.4%로, 주식대여로 인해 발생하는 대여 수수료 수익은 기타소득에 해당하여 기타소득세율 22%로 원천징수한 후 지급된다.

③ 기타소득이 연간 300만 원 이하인 경우 분리과세 또는 종합과세 여부를 선택할 수 있으나 연간 300만 원을 초과하는 경우 종합과세 대상에 포함되므로 개별 소득 신고해야 한다.

④ 보유주식을 대여하는 경우 주주로서의 의결권을 갖지 못하므로 의결권을 행사하기 원하는 경우 주주총회에 의한 의결권 행사 기준일의 3영업일 이전에 대여 회수 신청을 하고 주식으로 돌려받은 후 의결권을 행사할 수 있다.

⑤ 유/무상증자, 배당 등의 권리 발생 시 대여 수량과 일반 잔고 수량에 대하여 각각 배정율을 적용하여 산정되므로 권리배정 수량(또는 금액)이 대여 전 보유수량을 기준으로 계산한 것과 차이가 발생할 수 있다. 하여 대여 전 보유수량을 기준으로 권리를 보존받기 원하는 경우 권리 기준일 3영업일 전까지 대여 회수 신청을 해야 한다.

⑥ 무상, 주식배당 등의 권리는 대여 잔고와 일반 잔고가 분리되어 배정되므로 각각의 단수주 합산이 1주가 되는 경우, 1주에 대해 주식이 아닌 단수주 대금으로 받을 수 있다.

⑦ 관리종목, 투자주의/경고/위험종목, 유안타증권주식, ELW 종목, ETF 종목, 보호예수 종목 등은 대여가 불가능하다.

⑧ 당일 대여거래 후 해당 계좌에서 대여 당일 법원명령, 압류 등의 이류로 사고등록이 되는 경우에는 대여 일수를 0일로 산정하여 대여 수수료를 계산하지 않는다.

⑨ 대여주식의 회수신청 및 매도는 정규매매시간(오전 9시~오후 3시)까지 가능하다.

⑩ 대여주식의 회수신청 시 취소 및 당일 매도가 불가능하다.

해외주식 비과세 펀드계좌로 운영하자

2007년 6월부터 일시적 제도였던 해외주식 비과세 펀드가 2016년 2월 29일부터 새롭게 신설되어 나왔다. 우선 어떤 점이 개선되었을까?

〈2007년과 2016년 해외주식 비과세 제도 비교〉

	2007년 해외펀드 비과세	2016년 해외주식투자전용펀드
비과세 대상	매매 차익·평가 차익	매매 차익·평가 차익·환 차익
가입기간	2007. 6.~2009. 12.	2016. 2.~2017. 12. 가입일로부터 10년간 비과세
납입한도	없음	1인당 3천만 원
대상	해외주식에 60% 이상 투자하는 국내 설정 신규 해외펀드	해외주식에 투자하는 역내 펀드

2007년보다 개선된 사항은 환차익 비과세, 10년 비과세, 납입 한도 3천만 원으로 규정, 운용펀드 대상이 역내 펀드이다. 그렇다면 보다 더 정확하게 현재의 해외주식 비과세 펀드에 대한 정의를 내려보자.

가입대상은 대한민국 거주자 누구나 가능하며, 대상펀드는 해외에 상장된 주식에 직간접적으로 60% 이상 투자하는 펀드이다. 세제 혜택은 해외

상장주식 매매/평가차익, 환차익에 대해 비과세하지만 이자/배당에 대해서 과세이므로 주의해야 한다. 혜택 기간은 계좌 가입일로부터 10년간이며(운용시점이 아님) 가입기간은 2017년 12월 30일까지이다. 납입 한도는 전 금융기관 합산 총액 1인당 3천만 원이다.

그렇다면 일반 펀드계좌를 만들어서 해외펀드를 하는 것보다 무엇이 유리할까? 간단한 세 가지 투자 포인트를 살펴보자!

첫째, 비과세 혜택이 해외주식 매매/평가차익/환차익까지 3천만 원 한도로 비과세라는 점이다.

둘째, 비과세 혜택 기간이 10년이다.

셋째, 다른 정부 제도적 상품들은 입출금이 불편한 반면 해외주식 비과세 펀드는 계좌 해지 없이 언제든지 입출금이 자유롭다.

비과세 운용에 따른 절세 효과는 어느 정도일까?

투자원금 3천만 원
연 수익률 10%
1년 단위 재투자 가정 시
10년 후

해외주식 비과세 펀드
77,812,274원

VS

일반 과세 펀드
67,579,855원

차이

10,232,419원

한국은 부동산투자 비중이 높고, 금융자산 비중이 낮으며, 금융자산 중 현금과 예금의 비중은 45%에 육박한다. 55%를 펀드 등 금융상품에 투자하지만, 대부분 국내 비중이 높고 해외주식투자 비중은 26%이다. 반면, 프랑스 81%, 독일 96%, 캐나다 56%, 영국 51%, 대만 60%, 싱가포르 83%

경제야 다시 놀자 **161**

로 해외주식투자 비중이 높다. 금번에 제도 혜택을 기반으로 해외투자 비중을 높여도 좋을 것 같다.

해외주식 비과세 펀드제도를 200% 활용하기 위해 참고로 알아두어야 할 것은 무엇일까?

▶ 개설일로부터 10년간 혜택을 받지만, 만기시점에는 자동 환매가 된다. 즉, 다른 제도들의 경우 만기 이후에는 세제 혜택을 못 받고, 일반펀드로 전환되는데 그게 아닌 자동환매라는 점을 알아두고, 꼭 만기일을 다 채워도 되는 것은 아니니(비과세 혜택 유지기간 없음) 운용 펀드가 목표 수익률에 도달하면 차익 실현하는 것이 바람직하다.

▶ 현재 해외펀드를 운용 중이라면, 기존상품 운용계좌를 해외주식 비과세 펀드계좌로 변경이 불가하다. 그렇다면 신규로 '해외주식투자 전용집합투자증권저축계좌'를 개설해서 운용하면 되는데 이때 펀드 이동제도를 통하여 펀드 입고가 불가능하다. 결론적으로 기존 해외펀드 환매 후 신규로 만든 해외주식 비과세 펀드 입금 후 운용해야 한다.

▶ 해외주식 비과세 펀드는 올해 같이 만들어진 ISA 계좌와 달리 전 금융기관에서 가입 가능하며 계좌 수, 펀드 수에 제한받지 않으므로 신경 쓰지 않아도 된다. 다만, 유형이 적립식과 자유 입출식 유형으로 나눠지기 때문에 가입시점 증권사에 상담 후 진행하길 권한다.

▶ 제도 가입 만기인 2017년 12월 29일까지는 출금 제한이 없고, 한도 내에서 입금 제한도 없으며, 펀드 교체도 자유롭지만 가입 이후에는 펀드 매수 시 매수한 금액만큼만 납입 한도에서 차감되며, 환매 시에

한도도 부활하지 않는다. 즉, 펀드 교체가 불가능하다.
▶ 마지막으로 팁을 드린다면, 2017년 12월 29일까지는 다수의 펀드에 소액으로 가입해서 다양한 포트폴리오를 운용하고, 2018년도 이후에는 투자 유망지역을 판단해서 '전용저축계좌' 납입 한도까지 채워서 장기투자하는 것이 좋을 것으로 보인다. 또한 10년 비과세 혜택을 최대한 향유하기 위해서 2017년 말 기존 전용저축계좌 해지 후 가입시점 막판에 신규 전용저축계좌를 재개설하는 방법도 고려해 볼 만하다.

시장의 HOT 이슈
ISA

이번에는 시장의 HOT 이슈 ISA를 파헤쳐 보자. 쉽게 말해 ISA의 콘셉트는 '만능통장'이지만 한국에서는 아직 갈 길이 멀다. 영국 ISA 사례를 보면, 2008년에 ISA 제도를 영구화했으며, ISA 관련 손익에 대해서 전부 비과세이다. 또한 채권, 보험상품까지 포괄한 금융상품 만능통장이다.

일본 ISA 사례를 보면, 2014~2023년까지 10년간 신규 가입 가능한 한시적 제도이지만 비과세 투자한도는 매년 100만 엔, 누적으로 500만 엔의 혜택이 있다.

한국 또한 점진적으로 해외 국가들의 ISA 수준으로 제도적 수준 향상이 된다면, 타 국가들처럼 성장해서 순누적 유입액이 100조 원 수준까지 올라갈 수 있을 것으로 전망된다.

ISA(개인종합자산관리계좌)	
가입대상	근로자, 사업자 및 농어민 1인 1계좌(단, 금융소득종합과세자 제외)
가입한도	연간 2,000만 원(최대 1억 원) ※ 단, 기 가입한 소장 펀드, 재형저축 납입한도만큼 차감
편입상품	펀드, ETF, 파생결합증권(ELS), 예적금, RP 등

세제 혜택	계좌에서 발생한 손익을 통산한 후 200만 원까지 비과세 초과금액은 9.9% 분리과세 ※ 단, 총급여액 5,000만 원 이하 근로자, 종합소득금액 3,500만 원 이하 사업자는 250만 원까지 비과세. 초과금액은 9.9% 분리과세

1) ISA 허점과 운용 시 주의점

ISA의 수수료나 손실 가능성 등에 대해서는 많은 논란이 있는데 이와는 다른 허점을 얘기하고자 한다. 바로 부적격 통보이다. 작년을 끝으로 가입이 끝난 소장펀드 또한 부적격 통보에 따른 진통이 있었다. ISA는 왜 이 부분에 대한 것을 생각하지 않는가?

예시 1) 만약에 올해 가입 예정자가 가입 시점에는 서민형으로 가능했지만 내년에 일반형 대상자라면 내년에 부저격 통보를 빋는다. 부석격 통보 시에는 세제 혜택을 받은 부분은 추징된다!

예시 2) 올해는 일반형 조건인 가입자이지만 내년에는 서민형 가입 요건을 충족한다면?

올해 가입했다면 내년에 서민형으로 변경이 불가능하다. 즉, 1년 참고 내년에 서민형으로 가입해야 한다.

허점이라고 생각하는 것 중 가장 큰 두 가지는 첫째, 정부에서 만든 제도인데 가입 요건이 너무 까다롭고 복잡하다. 근로자, 사업자, 농어민, 서민형, 청년형, 자산형성 지원금을 받는 자 등 각각의 요건과 증빙서류가 다 다르다. 둘째, 부적격 통보는 국세청에서 금융사들에 통보해서 고객들에게 알려야 하는데 국세청의 부적격 기준이라는 것이 명확하지가 않다.

2) ISA 운용 시 주의점은 뭐가 있을까?

첫째, 수시 입출금이 불가능하다. 둘째, ISA 만기시점에 보유상품이 상환 완료가 되어야 과세기준 요건이 충족되어서 세제 혜택을 받는다. 즉, ISA 만기이후 시점에 ELS 등의 상품이 만기가 되면 세제 혜택을 받을 수 없다.

3) ISA 투자 전략과 TIP

기본적인 ISA 유형 중 랩과 신탁 유형을 먼저 이해하고자 한다.

〈ISA 및 일반 투자 일임 비교〉

	신탁형 ISA	일임형 ISA	일반 투자일임
운용재량	투자자가 종목수량까지 지정	투자자가 위임한 자산 종류비중위험도 내에서 재량	투자자가 투자 판단을 포괄적으로 위임 가능
모델 포트폴리오	제시 금지	제시 의무화	제시 가능
리밸런싱	의무사항 없음	분기 1회 이상 재배분	분기 1회 이상 재배분
투자자 통지	의무사항 없음	자산 처분취득 시 사전 통지 의무	의무사항 없음
광고·홍보	운용방식(모델 포트폴리오 등)	광고 가능	광고 가능

복잡해 보이는데 쉽게 말해 ISA-랩은 일임형으로 금융사에서 알아서 상품운용을 해주고, ISA-신탁은 고객이 직접 운용한다.

직접 운용하는 ISA-랩은 각 상품별 운용을 할 때마다 금융사에 직접 내방해서 운용지시를 내려야 하므로 금융사가 가까이 있거나 평일 업무시간에 시간이 여유로운 투자자에게 가능하다. 그렇다면 손쉽게 운용 가능한 ISA-랩 유형을 추천하며, 각 금융사별로 ISA-랩 투자포트폴리오 유형을 점검 후 가입 운용하는 것이다.

끝으로 ISA의 간략한 팁을 소개한다. ISA 출시 이후 각 금융사별로 ISA 가입 시 상품권 혹은 현금 캐시백 지급 등 다양한 프로모션이 진행 중에 있다. 찾아보면 단순한 상품권이나 부가서비스 혜택보다는 추후 ISA 만기 통산 손익에 대해서 200만 원 이상 과표에 대한 납부세액을 현금으로 캐시백 지급하는 프로모션도 있으니 이 부분이 단순한 몇 만 원보다 훨씬 더 큰 금액적 이익이 있으니 살펴보기 바란다.

대체 투자!
연금저축 이동제도

대한민국 사람이라면 누구나 가지고 있는 흔한 연금저축! 그러나 가입은 증권, 보험, 은행 각 금융 3사에 나뉘어 가입되어 있다.

〈상품별 연금저축 시장 추이〉

구분	2011년		2012년		2013년		2014년	
	규모	%	규모	%	규모	%	규모	%
보험	468,875	69	595,112	75	678,067	76	767,910	76
신탁	117,645	17	122,285	16	136,999	15	144,632	14
펀드	39,234	6	48,474	6	56,536	6	65,046	7
기타	55,833	8	22,246	3	26,407	3	30,849	3
합계	681,587	100	788,117	100	898,009	100	1,008,437	100

국세청 자료를 보면 현재 연금저축의 대다수 가입은 보험사(76%)에서 가입한 연금저축보험이다. 증권사는 연금저축계좌, 보험사는 연금저축보험, 은행은 연금저축신탁의 유형으로 연금저축을 가입하고 있는데 연금저축이란 제도는 정부에서 만든 제도이기 때문에 제도상 차이점은 없다. 다

만, 제도 하에 가입한 유형별로 상이한 부분들이 있는데 어떠한 차이점이 있을까? 간략하게 비교 분석해 보자.

연금저축계좌	연금저축보험	연금저축신탁
• 연간 1,800만 원까지 원하는 시점에 자유롭게 납입 가능 • MMF부터 주식형 펀드까지 다양한 펀드를 시장 상황에 맞춰 원하는 비중대로 투자 가능 • 펀드 교체에 따른 비용(선취수수료, 환매수수료)이 없어 시장 상황에 대한 적극적인 대응 가능	• 매월 정액을 납입해야 하며, 5천만 원까지 예금자 보호 적용 • 종신연금형, 확정기간형 선택 가능 • 보험사 공시이율로 분리되며 낮은 기대수익률	• 연간 1,800만 원까지 원하는 시점에 자유롭게 납입 가능하며 5천만 원까지 예금자 보호 적용 • 채권형, 안정형(주식 10% 이하) 중 선택 가능 • 낮은 기대수익률

위의 표처럼 연금저축신탁은 기대수익률이 낮고, 연금저축보험은 매월 정액을 납입해야 하는데, 경기는 어려워지고 국민들의 가처분 소득은 낮아지면서 소비금액도 줄고, 매월 정액 납입금액에 대한 부담감과 낮은 기대수익률 때문에 고민이다. 그렇다고 해지하기에는 연금불입액 총액에서 기타소득세 16.5%를 내야 하니 고민이 이만저만 아니다. 그렇다면 어떻게 하는 것이 좋을까?

필자의 추천은 연금저축 갈아타기이다. 은행에서 A대출에서 더 낮은 B대출로 대출전환을 하는 것처럼 정액불입을 해야 하는 부담감이 있는 연금저축보험이나 기대수익률이 낮은 연금저축신탁에서 자유적립이 가능하며 기대수익률이 높은 연금저축계좌로 갈아타는 것이다.

연금저축 갈아타기가 말처럼 쉬울까?

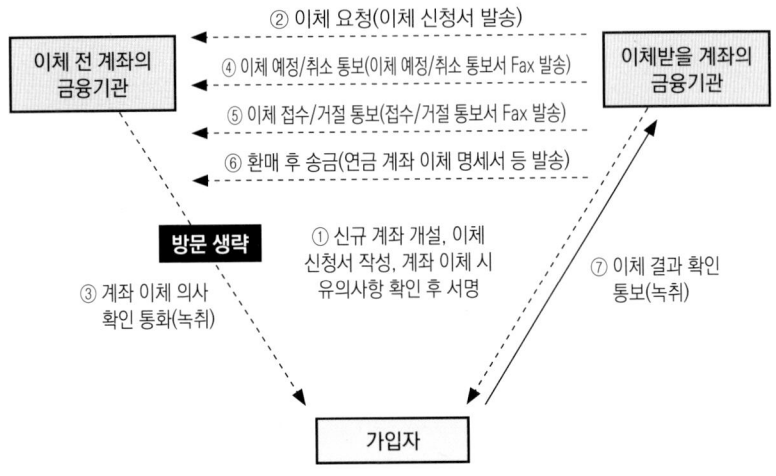

〈연금저축계좌 이체 절차〉

　위와 같이 15년도에 연금저축계좌 간소화 제도가 생기면서 이체할 금융기관, 이체받을 금융기관 각 두 군데 내방 없이 이제는 이체받을 기관 즉, 옮겨가고 싶은 증권사 한 곳만 내방하면 One-Stop으로 연금 이전이 가능해졌다. 한마디로 더욱 간편해진 것이다. 온라인상에서도 가능한 증권사들도 생겼기 때문에 주저하지 않아도 된다.

　하지만! 주의할 점도 있다.

　첫째, 만약 연금저축보험에서 연금저축계좌로 이전할 때 기존에 가입한 연금저축보험의 보험약관대출, 연체 등이 있다면 이 모든 사유를 해소해야 즉, 정상상태로 만들어야 연금 이전이 가능하다.

　둘째, 연금 이전이지 펀드 이동이 아니다. 간혹 A증권사에서 B증권사로 연금저축 이전을 하는데 두 군데 모두 펀드 운용방식이라 A증권사에서 가입한 연금저축펀드가 B증권사로 그대로 이동한다라고 생각하는 분들이 많은데 연금 이전은 펀드 이동과 달리 보유자산은 환매해서 투자금액으로 만든 다음에 이동하고 이전받은 금융사에서 본인이 원하는 상품 형태로 다시 운용한다.

셋째, 연금 이전이지 해지가 아니다. 간혹 연금 이전임에도 불구하고 해지 시 발생하는 기타소득세 등이 발생하거나 세액추징을 당한다고 착각하는 경우가 있는데 NO! 연금 이전 제도는 투자자가 불입한 기간, 세액공제 내역, 금액 등 그대로 A사에서 B사로 이전해서 끊기지 않고 연금 운용이 이어지게끔 하여 투자자들의 운신의 폭을 확대한 제도이다.

넷째, 연금저축보험 이전 시 FC 채널을 통해서 가입한 분의 경우 5년 미만인 연금 이전 진행 시에 회수된 투자금액이 투자원금보다 낮은 경우가 대다수이다. 이때 이전받은 기간에서는 회수된 금액이 원금 표시가 되는 것이 아니라 순수 투자자가 입금한 투자원금으로 원금 표시를 하고, 넘어온 회수금액이 평가금액으로 표시가 되기 때문에 간혹 증권사 홈피에서 보이는 금액을 보고, 이전 후에 수익률이 떨어졌다고 말씀하는 분들이 있다.

연금 이전 후 연금저축계좌를 어떻게 활용할 것인가?

첫째, 이전한 연금은 안전한 연금저축펀드 채권형으로 운용 선택을 하고, 매월 불입은 선택 사항이나 매월 또는 수시 불입할 것이라면 주식형으로 운용하는 것이 수익률 유지 및 제고 차원에서 바람직하다.

둘째, 연금저축계좌는 1개의 계좌에서 다수의 펀드 운용이 가능하다. 즉, 첫째 방식처럼 이전 금액과 신규 불입액을 나눠서 운용도 가능하지만 합산해서 포트폴리오 펀드 설정 운용도 바람직한 방식이다. 즉, 주식시장

활황기-쇠퇴기 국면에 맞게 활황기엔 국내외 주식형 펀드들로, 쇠퇴기엔 채권 중심의 펀드로 포트폴리오 운영이나 아니면 생애주기에 따른 방식으로 30~40대에는 주식형 펀드 운용을 하다가 40대 후반부터는 55세 이후 연금수령이기 때문에 채권형으로 보수적으로 운용하는 방식이다.

셋째, 연금저축계좌 1개로 A보험사, B은행, C증권사에서 각각 가입한 연금계좌들을 다 모아서 운용이 가능하다. 다만, 이전 시 동시에 세 군데의 연금 이전을 진행할 수는 없고, 건별로 하나씩 진행해야 한다.

넷째, 중도 인출 운용전략이다. 연금저축계좌에서 세액공제 불입금액 초과 입금 운용을 할 수 있고, 연금저축펀드 운용기간 중에는 과세 이연이 되는 효과가 있으며, 세액공제 초과 불입금액은 기타소득세 부과 없이 중도인출도 가능하기 때문이다.

끝으로, 혹시 (구)연금저축펀드를 보유 중이라면 복수 펀드로의 분산 투자 기능도 없고, 중도인출 기능도 없기 때문에 (신)연금저축계좌로 변경하는 것이 바람직할 것 같으며 방법은 증권사 지점에 내방하면 변경이 가능하다.

노무 일반

한정봉 공인노무사
- HnB컨설팅 노무법인 대표
- 삼성전자 DS총괄 자문노무사

노무분쟁 예방의 첫걸음, 올바른 근로계약서 작성법

  계약 관계에서 분쟁이 발생하는 경우 가장 먼저 확인하는 것이 바로 계약서이다. 그럼에도 불구하고 우리나라는 계약서를 작성하는 것이 아직까지 익숙하지 않은 것 같다. 계약서를 내밀거나 요구하면 상대방을 신뢰하지 못하는 것처럼 보여 실례가 될까 봐 작성하지 않는다는 경우도 자주 접한다. 그런데 정작 처음에 구두로 계약했던 내용과 다른 상황이 벌어지면 서로 자기가 옳다며 상대방을 질책하고 얼굴을 붉히며 법정 분쟁으로까지 이어진다.

  이런 일은 기업과 근로자 사이의 근로계약 관계에서 더 비일비재하게 나타난다. 아직까지도 근로계약서를 아예 작성하지 않거나 작성하더라도 인터넷에서 다운받은 아주 간단하고 추상적인 근로계약서를 가지고 형식적으로 작성하는 경우가 허다하다. 그러나 이러한 계약서는 당사자 간의 실질적인 근로계약 내용과 다르고 내용도 불분명한 경우가 대부분이어서 나중에 분쟁의 씨앗이 되기도 하고, 분쟁이 발생했을 때 입증자료도 되지 못한다.

  따라서 근로계약서 내용을 어떻게 작성해야 하는지, 근로계약과 관련해서 유의해야 할 사항은 무엇인지 알아두는 것이 노무분쟁을 예방하는 시작점이 될 것이다.

1. 근로계약서에 필수적으로 기재할 내용

근로계약이란 근로자가 사용자에게 근로를 제공하고, 사용자는 이에 대하여 임금을 지급함을 목적으로 체결된 계약이다. 그렇다면 '어떤 일을, 몇 시간 하고, 그에 대한 임금은 얼마를 지급하며, 언제 어떻게 쉬는지'가 근로계약의 주요 내용이 될 것이다.

근로기준법도 이러한 맥락에서 근로계약 체결 시 소정근로시간, 임금의 구성항목·계산방법·지급방법, 휴일, 연차휴가에 대해 반드시 서면으로 명시하고 이를 근로자에게 교부하도록 하고 있다(근로기준법 제17조).

물론 위 사항은 법에서 정한 최소한의 필수사항일 뿐이며, 이외에도 근무장소, 담당업무, 근로계약기간, 수습 또는 시용기간 적용 여부, 징계 또는 계약해지사유, 퇴직절차 등 근로계약 관계에서 명확히 해야 할 부분이 많고, 이런 사항에 대해 상세히 기재하는 것이 필요하다.

2. 구체적인 근로계약서 작성방법

1) 근로계약기간

근로계약기간은 크게 정규직인지 계약직인지에 따라 구별될 수 있는데, 정규직은 'ㅇㅇㅇㅇ년 ㅇㅇ월 ㅇㅇ일부터 정년까지로 한다'라고 기재하면 되고, 계약직은 'ㅇㅇㅇㅇ년 ㅇㅇ월 ㅇㅇ일부터 ㅁㅁㅁㅁ년 ㅁㅁ월 ㅁㅁ일까지로 한다'라고 기재하면 된다(계약기간을 명시하지 않은 경우에는 정규직 근로계약으로 해석된다). 다만, 계약직의 경우 계약기간은 원칙적으로 총 2년을 초과할 수 없고, 2년을 초과하는 경우 무기계약직(또는 정규직)으로 전환될 수 있다는 점을 유의해야 한다.

2) 수습 · 시용기간의 설정

수습이나 시용기간을 적용하는 경우 이에 대해 반드시 근로계약서에 명시하여야 한다. 명시하지 않는 경우 수습 · 시용기간이 적용되지 않는 근로계약으로 해석된다. 또한, 수습 · 시용기간의 설정 목적이 업무능력, 성실성, 조직적 합성 등을 평가하여 계속 근로 가능 여부를 판단함에 있다면 어떤 항목을 평가할 것인지에 대해서도 명시해야 할 것이고, 해당 기간의 임금을 감액하여 지급할 것이라면 이에 대해서도 비율(%)과 금액을 명시해야 한다. 이때 수습 · 시용기간 중의 임금액은 최저임금의 90%까지 감액하여 적용할 수 있으나 그 기간은 3개월까지만 가능하며, 근로계약기간이 1년 이상인 경우에만 감액 적용이 가능하다.

3) 근무장소 및 담당업무

근무장소와 업무의 변경은 사용자의 인사재량권으로서 폭넓게 인정하여 왔으나 최근에는 이를 제한하여 인정하는 경향이 있으며, 법원은 근무장소와 담당업무를 특정하여 근로계약을 체결한 경우 근로자의 동의 없는 일방적인 변경은 부당하다는 입장이다. 따라서 근무장소와 담당업무를 근로계약서에 명시하되, '회사는 업무상 필요에 따라 근무장소와 담당업무를 변경할 수 있다'는 내용의 문구를 함께 명시할 필요가 있다.

4) 소정근로시간

'소정근로시간'이란 법정근로시간(1일 8시간, 1주 40시간) 이내에서 당사자 사이에 정한 근로시간을 말한다(근로기준법 제2조제1항제7호). 따라서 소정근로시간은 법정근로시간을 초과할 수 없다. 그렇다면 출근시각이 08시, 퇴근시각이 18시로 정해진 경우는 점심시간(휴게시간) 1시간을 제외하고 9시간이 되는데 어떻게 해야 할까? 그대로 근로계약서에 기재해도 된다. 다만, '위 근로시간으로 인해 1일 8시간, 1주 40시간을 초과하는 시간은 연장근로의 합의가 있는 것으로 간주한다'라는 내용을 함께 기재하면 될 것이다.

5) 임금

근로기준법상 임금의 구성항목과 계산방법, 지급방법을 명시해야 하는데, 대부분의 노무분쟁이 임금 때문에 발생한다는 점에서 임금에 관한 사항을 어떻게 명시하느냐가 중요하다.

우선, 임금 구성항목은 기본급뿐만 아니라 연장·야간·휴일에 대한 법정수당, 기타 회사에서 정한 임의수당(직책수당, 자격수당 등), 상여금 등 회사에서 지급하는 임금항목에 대해 모두 명시하여야 한다. 이때 각 임금항목이 어떤 기준과 조건으로 지급되는 것인지 명확하게 명시하는 것이 중요하다. 이를 잘못 명시하는 경우 지급하기로 한 월급을 모두 지급하였음에도 불구하고 연장·야간·휴일 등 법정수당 미지급 차액 발생이나 통상임금의 잘못된 적용으로 인한 법정수당 미지급 차액 발생 등 예상치 못한 임금체불이 매우 자주 발생한다. 따라서 근로계약서 작성 전에 전문가에게 임금체계의 적법성 여부에 대해 먼저 검토받을 필요가 있다.

다음으로 임금 계산방법은 임금 산정기간(매월 00일부터 00일까지)과 지급일을 명시하고, 계산방법이나 연장·야간·휴일 등 법정수당 50% 가산 산정방법 등 근로자가 매달 자신의 임금이 어떻게 계산되는지 확인할 수 있도록 명시하여야 한다.

마지막으로 지급방법은 현금으로 직접 지급하는지 아니면 지정한 계좌로 이체하는지 등을 기재하면 된다.

6) 휴일

법률상 일반 기업의 휴일(법정 휴일)은 매주 하루씩 부여하는 주휴일과 근로자의 날(5월 1일)뿐이다. 흔히 말하는 법정 공휴일은 일반 기업의 휴일이 아니라 '관공서의 공휴일에 관한 규정'에서 정한 관공서의 휴일일 뿐이다. 그러나 법정 공휴일을 휴일로 적용하고 있는 기업들이 많은데 이렇게 정한 휴일을 약정 휴일이라 한다.

법정 휴일과 약정 휴일 중 최소한 법정 휴일에 대해서는 근로계약서에 상세히 명시해야 한다. 매주 하루씩 주어지는 주휴일의 경우 '1주간 소정근로일을 개근한 경우 1일의 유급주휴일(일요일)을 부여하고, 주중 결근이 있는 자는 무급으로 부여한다'라고 명시하면 좋을 것이다. 그리고 근로자의 날에 대해서는 '근로자의 날(5월 1일)은 유급휴일로 부여한다'라고 명시하면 된다.

약정 휴일에 대해서는 간략히 '기타 약정 휴일에 대해서는 취업 규칙에

정한 바에 따른다'라고 기재하여도 무방할 것이다.

7) 연차휴가

연차휴가는 노동부에서 배포한 표준근로계약서에는 '연차유급휴가는 근로기준법에서 정하는 바에 따라 부여한다'라고 기재되어 있다. 이런 식으로 명시하여도 된다면 '본 근로계약서의 주요 내용은 근로기준법에서 정하는 바에 따른다'라고 한 줄로 기재하고 끝내버리면 되지 굳이 소정근로시간, 임금 등을 위와 같이 기재할 필요가 없을 것이다. 노동부에서 배포한 표준근로계약서는 절대 표준이 아니다. 단지 예시에 불과할 뿐이고 근로계약서의 법정 기재사항을 규정한 근로기준법 제17조의 입법취지와도 부합하지 않는 매우 부족한 근로계약서이다.

연차휴가에 대해 명시하려면 발생요건과 발생일수, 사용방법 등을 명시하는 것이 당연히 필요한 것이고, 이런 내용이 근로기준법에 규정되어 있더라도 이를 근로계약서에 명시하여 근로자에게 알 수 있도록 하는 것이 부지와 오해로 인한 분쟁을 방지하는 방법일 것이다.

예를 들면, '① 1년간 80% 이상 출근한 경우 15일의 유급휴가를 주고, 계속 근무년수 매 2년마다 1일을 가산한다. ② 계속 근무년수가 1년 미만인 경우 또는 1년간 80% 미만 출근한 경우에는 1개월간 개근 시 1일의 유급휴가를 준다. ③ 연차유급휴가를 사용하고자 할 경우에는 부득이한 사유가 없는 한 적어도 3일 전에 소속부서장의 승인을 얻어야 한다'라고 기재하면 발생요건과 발생일수, 사용방법에 대해 적절히 명시한 것으로 볼 수 있을 것이다.

이상으로 근로계약서에 반드시 명시해야 할 법정 기재사항을 중심으로 근로계약서 작성요령을 살펴보았다. 물론 위 사항들 이외에 앞서 언급한 바와 같이 필요에 따라 더 기재할 수 있는 사항들이 많이 있으므로 이러한 부분들도 명확하고 적법하게 작성할 수 있도록 확인해 둘 필요가 있을 것이나, 최소한 위에서 설명한 내용만은 반드시 적법하고 명확하게 작성하는 것이 노무분쟁을 사전에 방지하는 방법이 될 것이다.

기업 도산 시 임금 채권 확보 방법

계속되는 경기불황으로 많은 기업들이 인원을 감축하거나 자금 압박을 견디지 못하고 무너지고 있다. 최근에는 세계 최고의 수주량을 자랑하던 조선업마저 무너지게 되면서 하청업체들의 줄도산으로 임금체불이 늘어 노무사늘이 슬픈 호황을 누리고 있다는 뉴스까지 나오고 있다.

악덕 사업주가 회사 돈을 빼돌리고 임금을 지급하지 않는 경우가 아니라 사업주도 어쩔 수 없는 상황으로 임금을 지급하지 못하는 경우 사업주와 근로자 모두에게 안타까운 일이 아닐 수 없다.

이런 상황에서 다행히 회사(법인)의 재산이 있다면 근로자의 임금채권은 회사의 재산에 대하여 담보채권을 제외한 조세·공과금 및 다른 채권에 우선하는 우선변제권이 인정되고, 최종 3개월분의 임금·재해보상금·최종 3년분의 퇴직금에 대해서는 담보채권보다도 우선하는 최우선변제권이 인정되어 그나마 다행이지만, 회사의 재산이 없는 경우에는 실효성이 없으며, 재산이 있는 경우에도 법원의 경매절차를 거쳐야 하므로 아주 번거롭다.

그래서 이런 경우를 대비하여 임금채권보장법에서 마련한 '체당금 제도'

라는 것이 있고, 이를 통해 근로자는 체불임금의 일부라도 받을 수 있으므로 체당금 제도에 대해 알아둘 필요가 있다.

체당금 제도는 사업주가 납부하는 부담금으로 국가가 임금채권보장기금을 조성하고 이 기금에서 국가가 근로자의 체불임금의 일부를 지급한 뒤 국가는 근로자가 사업주에게 가지고 있던 임금 등 청구권을 대위하여 변제금을 회수하는 제도인데, 체당금을 지급받을 수 있는 요건은 다음과 같다.

1. 체당금 지급사유

가. 법원에 의한 파산선고, 회생절차개시 결정(재판상 도산)
나. 고용노동부에 의한 도산 등 사실인정(사실상 도산)
다. 체불임금 지급에 대한 판결, 명령, 조정 또는 결정이 있는 경우

- 도산 등 사실인정이란 사업주가 경영악화 등으로 인하여 사실상 도산 상태에 빠져 있는 경우에 지방노동관서의 장이 근로자의 신청에 의해 이를 도산으로 인정하는 것을 의미하는데, 사실상 도산 상태란 ① 사업이 폐지되었거나 폐지 과정에 있고, ② 미지급 임금 등을 지급할 능력이 없거나 현저히 곤란한 상태에 있는 경우를 말한다.
- 다만, 도산 등 사실인정을 받을 수 있는 사업주는 상시근로자 300인 이하의 기업에 한하고, 도산 등 사실인정 신청은 해당 사업에서 퇴직한 날의 다음 날부터 1년 이내에 신청해야 한다. 근로자 중 1인만 신청하면 되고 다른 근로자는 신청할 필요가 없다.

2. 사업주의 요건

가. 산재보험법 적용대상 사업주로서 6개월 이상 사업을 행하였을 것
나. 위 1. 체당금 지급사유 요건에 해당할 것

3. 근로자의 요건

가. 근로기준법상 근로자에 해당할 것
- 체당금 지급은 근로기준법상 근로자에게만 해당하므로 회사 대표나 임원 등 근로자가 아닌 사람은 혜택을 받을 수 없다. 물론, 직위 명칭(이사, 상무, 전무 등)이나 등기임원인지 여부를 불문하고 실제로 회사 대표 등으로부터 지휘감독을 받고 일하였다면 근로자로 인정받을 수 있다.
- 또한, 4대 보험 신고 여부와는 무관하므로 4대 보험 신고가 안 된 근로자도 해당 사업장에서 근무하고 임금을 받았음을 입증하면 체당금을 받을 수 있다.

나. 퇴직기준일의 1년 전이 되는 날부터 3년 이내에 퇴직한 근로자일 것
- 이는 퇴직기준일 이전 1년 이내, 이후 2년 이내에 퇴직한 근로자를 말하는 것인데, 퇴직기준일은 파산선고, 회생절차 개시의 결정이 있는 경우에는 그 신청일, 회생절차 개시의 신청 후 법원이 직권으로 파산선고를 한 경우에는 그 선고일, 도산 등 사실인정이 있는 경우에는 그 도산 등 사실인정의 신청일을 말한다.

4. 체당금 지급액

체당금 지급보장 범위는 '최종 3개월분의 임금 또는 휴업수당, 최종 3년분의 퇴직금 중 미지급액'인데, 국가에서 정한 아래 상한액 범위 내에서 지급된다.

〈현재 체당금의 월정 상한액(2015.7.1.~)〉 퇴직 당시 연령

	30세 미만	30세 이상 40세 미만	40세 이상 50세 미만	50세 이상 60세 미만	60세 이상
임　금	180만 원	260만 원	300만 원	280만 원	210만 원
퇴 직 금	180만 원	260만 원	300만 원	280만 원	210만 원
휴 업 수 당	126만 원	182만 원	210만 원	196만 원	147만 원

※ 임금과 휴업수당은 1월분, 퇴직금은 1년분을 기준으로 함

예를 들어, 월급 300만 원인 근로자가 5년간 근무하다가 퇴사하였고, 4개월분의 임금과 퇴직금 전액을 받지 못한 경우라면 받아야 할 금액은 임금 1,200만 원(300만 원×4개월)과 퇴직금 1,500만 원(대략 1년에 300만 원으로 계산할 경우)을 합하여 총 2,700만 원이다. 만약, 퇴직 당시 연령이 30세 이상 40세 미만이라면 위 상한액에 따라 임금 780만 원(260만 원×3개월분), 퇴직금 780만 원(260만 원×3년분), 총 1,560만 원을 체당금으로 받을 수 있다.

그런데 이런 체당금 제도를 이용하는 것이 근로자들로서는 쉽지 않은 부분이 너무 많다. 특히, 도산 등 사실 인정을 받기 위해서는 회사의 재무상태 등에 대해서 입증자료를 제출해야 하는데 근로자들이 이러한 자료를 입수할 방법이 사실상 없는 경우가 많다. 결국 회사의 협조가 없으면 절차

를 진행하기 어려워진다.

  사업 실패로 임금을 지급하지 못한 사업주를 처벌하는 것만이 능사는 아닐 것이다. 처벌한다고 하더라도 근로자의 체불임금은 해결되지 않는다. 그렇다면 서로 Win-Win할 수 있는 방법을 찾아야 할 것이다.

  사업주는 근로자들이 체당금을 받을 수 있도록 자료 제공 등에 적극 협조하고, 근로자들은 사업주가 형사처벌받지 않도록 체불진정 등을 취하하면서 사업주 처벌을 원하지 않는다는 의사를 표시(임금체불은 반의사불벌죄로서 피해자의 의사에 반하여 처벌할 수 없는 범죄임)하는 것을 생각해 볼 수 있을 것이다.

최저임금 인상에 대비한 최저임금 위반 여부 판단

1. 시작하며

그동안 최저임금 대폭 인상에 대한 요구와 논의가 많이 있었고 현 정부는 2020년까지 시간당 최저임금을 1만 원까지 인상하겠다고 발표하였다. 이에 따르면 향후 매년 약 15.7%씩 최저임금 인상이 예상된다.

최저임금 인상을 통해 소득 주도의 경제 활성화를 이루겠다는 정부의 정책이 성공하기 위해서는 영세 자영업자나 소상공인 등에 대한 지원 등 급격한 인건비 상승으로 인한 부작용을 완화할 수 있는 다양한 지원 방법 등이 함께 고려되어야 할 것이며, 실제로 이러한 정책이 의도한 대로 긍정적인 효과를 나타낼 수 있을지는 아직 미지수이다.

하지만 분명한 것은 앞으로 최저임금은 대폭 상승될 것이고 최저임금 위반에 대한 단속과 처벌은 더욱 강화될 것이라는 점이다. 그래서 최저임금 위반 여부를 어떻게 판단하는지 살펴보고자 한다. 판단기준에 대해 노동부와 최저임금위원회의 입장과 대법원의 입장(대법원 2007. 01. 11. 선고 2006다64245 판결)이 다르지만 여기에서는 우선 노동부와 최저임금위원회의 기준에 따라 설명하기로 한다.

2. 최저임금 위반 여부는 월급 총액을 기준으로 판단하는가?

최저임금 위반 여부를 판단할 때 월급 총액을 기준으로 판단하는지 아니면 제외되는 금액이 있는지 확실하게 알아야 한다. 월급이 기본근로시간에 대한 기본급만으로 구성된 경우에는 월급 총액을 기준으로 판단하는 것이 맞을 수 있으나, 기본급 이외에 다른 수당들이 포함되어 있다면 최저임금 판단 시 제외되는 임금이 있으므로 이를 고려하여 판단해야 한다. 최저임금법은 최저임금 판단 시 산입되는 임금과 제외되는 임금에 대하여 아래와 같이 규정하고 있다.

〈최저임금법〉
제6조(최저임금의 효력)
④ 다음 각 호의 어느 하나에 해당하는 임금은 제1항과 제3항에 따른 임금에 산입(算入)하지 아니한다. 〈개정 2010.06.04.〉
1. 매월 1회 이상 정기적으로 지급하는 임금 외의 임금으로서 고용노동부장관이 정하는 것
2. 「근로기준법」 제2조제1항제7호에 따른 소정 근로시간(이하 '소정 근로시간'이라 한다) 또는 소정의 근로일에 대하여 지급하는 임금 외의 임금으로서 고용노동부장관이 정하는 것
3. 그 밖에 최저임금액에 산입하는 것이 적당하지 아니하다고 인정하여 고용노동부장관이 따로 정하는 것

〈최저임금법 시행규칙〉
제2조(최저임금의 범위) 「최저임금법」(이하 '법'이라 한다) 제6조제4항에 따라 최저임금에 산입(算入)하지 아니하는 임금의 범위는 별표 1과 같다. 다만, 별표 2의 임금은 최저임금에 산입한다.

위 최저임금법 시행규칙 별표 1에서 규정하고 있는 최저임금에 산입하지 아니하는 임금의 범위와 사례는 아래와 같다.

1) 매월 1회 이상 정기적으로 지급하는 임금 외의 임금

1. 1개월을 초과하는 기간의 출근성적에 의하여 지급하는 정근수당
2. 1개월을 초과하는 일정기간의 계속근무에 대하여 지급하는 근속수당
3. 1개월을 초과하는 기간에 걸친 사유에 의하여 산정하는 장려가급·능률수당 또는 상여금
4. 기타 결혼수당·월동수당·김장수당·체력단련비 등 임시 또는 돌발적인 사유에 따라 지급하거나, 지급조건이 사전에 정하여진 경우에도 그 사유발생일이 확정되지 아니하거나 불규칙적인 임금·수당

2) 소정의 근로시간 또는 소정의 근로일에 대하여 지급하는 임금 외의 임금

1. 연·월차휴가 근로수당, 유급휴가 근로수당, 유급휴일 근로수당
2. 연장시간 근로·휴일근로에 대한 임금 및 가산임금
3. 야간근로에 대한 가산임금
4. 일·숙직수당
5. 기타 명칭 여하에 관계없이 소정근로에 대하여 지급하는 임금이라고 인정할 수 없는 것

3) 기타 최저임금액에 산입하는 것이 적당하지 아니한 임금

가족수당·급식수당·주택수당·통근수당 등 근로자의 생활을 보조하는 수당 또는 식사·기숙사·주택제공·통근차 운행 등 현물이나 이와 유사한 형태로 지급되는 급여 등 근로자의 복리후생을 위한 성질의 것

한편, 최저임금법 시행규칙 별표 2에서 규정하고 있는 최저임금에 산입하는 임금은 아래와 같다.

(1) 공통요건
1. 단체협약·취업규칙 또는 근로계약에 임금항목으로서 지급근거가 명시되어 있거나 관례에 따라 지급하는 임금 또는 수당
2. 미리 정하여진 지급조건과 지급률에 따라 소정근로(도급제의 경우에는 총근로)에 대하여 매월 1회 이상 정기적·일률적으로 지급하는 임금 또는 수당

(2) 개별적인 임금·수당의 판단기준
위의 공통요건에 해당하는 것으로 별표 1의 규정에 의한 임금·수당 외에 다음 각 호의 1에 해당하는 임금 또는 수당
1. 직무수당·직책수당 등 미리 정하여진 지급조건에 따라 담당하는 업무와 직책의 경중에 따라 지급하는 수당
2. 물가수당·조정수당 등 물가변동이나 직급 간의 임금격차 등을 조정하기 위하여 지급하는 수당
3. 기술수당·면허수당·특수작업수당×위험작업수당 등 기술이나 자격·면허증 소지나 특수작업종사 등에 따라 지급하는 수당
4. 벽지수당·한냉지 근무수당 등 특수지역에서 근무하는 자에게 일률적으로 지급하는 수당
5. 승무수당·항공수당·항해수당 등 버스·택시·화물자동차·선박·항공기 등에 승무하여 운행·조정·항해·항공 등의 업무에 종

사하는 자에게 매월 일정한 금액을 지급하는 수당
6. 생산장려수당 등 생산기술과 능률을 향상시킬 목적으로 매월 일정한 금액을 지급하는 수당
7. 기타 제1호 내지 제6호에 준하는 것으로서 공통요건에 해당하는 것이 명백하다고 인정되는 임금 또는 수당

이상의 내용을 정리해 보면, 지급 주기가 1개월을 초과하는 임금(예 : 상여금 등)과 소정근로시간(1일 8시간, 1주 40시간 이내)에 대한 임금이 아닌 연차수당, 시간외(연장, 야간, 휴일)근로수당, 복리후생적으로 지급되는 가족수당, 식대, 통근수당 등의 임금은 최저임금 판단 시 제외되며, 매월 1회 이상 소정근로에 대한 대가로 정기적·일률적으로 지급되는 임금은 포함되는 것으로 정리할 수 있다.

3. 최저임금 위반 여부의 판단은 어떻게 하는가?

위와 같이 최저임금 판단 시 제외되는 임금과 포함되는 임금을 구별하였다면 이제 구체적으로 어떻게 최저임금 위반 여부를 판단하는지 그 방법을 알아야 할 것이다.

〈예시〉
- 월급 총액 : 250만 원
- 기본급 : 190만 원
- 고정연장근로수당 : 40만 원
- 직책수당 : 10만 원(매월 지급)

- 식대 : 10만 원

위 〈예시〉에서 최저임금 판단 시 고정연장근로수당, 식대는 산입되지 않는 임금이므로 기본급과 직책수당의 합계액을 기준으로 최저임금 위반 여부를 판단하는데, 기본급과 직책수당의 합계 200만 원을 월 통상시급 산정기준 시간수인 209시간으로 나누어 시급을 산정하고 그 시급이 시간당 최저임금액에 미달하는지 여부로 최저임금 위반 여부를 판단한다. 이와 같이 판단할 때, 200만 원÷209시간 = 약 9,569원이므로 시간당 최저임금이 1만 원이라고 가정한다면 최저임금 위반이 된다.

※ 월 통상시급 산정기준 시간수 209시간의 의미 : (1일 8시간×5일＋유급주휴일 8시간)÷7일×365일÷12월 = 약 209시간
※ 대법원은 월 통상시급 산정기준 시간수가 아닌 월 소정근로시간수로 나누어 판단한다는 입장(대법원 2007. 01. 11. 선고 2006다64245 판결)이며, 최저임금법의 명문 규정상 대법원의 견해가 타당하다고 판단되나 여기서는 노동부와 최저임금위원회의 입장에 따라 설명함

4. 마치며

이상에서 본 바와 같이, 최저임금 판단은 월급 총액을 기준으로 판단하는 것이 아니라 제외되는 임금과 포함되는 임금이 있으므로 단순히 월급 총액만을 보고 최저임금에 미달하지 않을 것이라고 오인하는 우를 범하지 않도록 유의해야 한다. 또한 최저임금의 급격한 인상에 대비하여 각종 임금항목의 통폐합이나 재설계 등 최저임금과 통상임금 문제를 해결할 수 있도록 임금체계를 개편할 필요도 있다.

까다로운 일용직·아르바이트 노무관리

　일용직이나 아르바이트는 정식 직원이 아니라서 근로계약서도 작성할 필요가 없고 노동법도 정식 직원과는 다르게 적용된다고 오해하는 경우가 많다. 그러다 보니 사업주는 노무관리의 필요성도 인식하지 못하고 노무관리에 소홀하여 예기치 않은 피해를 보는 경우가 자주 발생한다. 이에 일용직, 아르바이트에 대한 노무관리상 유의할 사항들을 살펴보자.

1. 일용직·아르바이트의 개념

　일용직에 대한 개념은 근로기준법에 따로 명시되어 있지 않지만, 개념 본질상 일용직은 당일 근로관계가 시작되어 당일 근로관계가 종료되는 근로 형태를 의미한다(세법상 일용직 개념과는 다름). 물론 실무상으로는 하루 단위가 아니더라도 비교적 단기간 사용하는 근로자를 일용직이라고 부르는 경우도 많다.

　아르바이트의 개념 역시 근로기준법에 따로 명시되어 있지 않고, 일반적으로 단기간에 걸쳐 파트타임으로 근무하는 근로자를 '아르바이트'라고 부른다.

일용직이나 아르바이트는 단기간 사용하는 기간제(계약직)이거나 단시간 근로자에 해당하는 경우가 많으므로 이하에서는 이를 전제로 설명하고자 한다(물론 명칭만 일용직, 아르바이트이고 실제로는 기간제나 단시간 근로자가 아닌 경우도 많은데, 이 경우에는 노무관리상 일반근로자와 전혀 다를 바 없음).

2. 근로계약서 작성 및 서면 명시 의무

(1) 근로계약서 서면 명시사항

일용직이나 아르바이트도 반드시 근로계약서를 작성해야 하며 근로계약서 작성 시 다음 사항들을 서면으로 명시하고 근로계약서를 반드시 교부해야 한다.

- 근로시간·휴게에 관한 사항
- 임금의 구성항목·계산방법 및 지불방법에 관한 사항
- 휴일·휴가에 관한 사항
- 취업 장소와 종사하여야 할 업무에 관한 사항
- 근로계약기간에 관한 사항(기간제 근로자인 경우)
- 근로일 및 근로일별 근로시간(단기간 근로자인 경우)

(2) 위반 시 과태료 부과

위 서면 명시사항을 명시하지 않거나 근로계약서를 작성하여 교부하지 않은 경우에는 아래 기준에 따라 시정기간 없이 즉시 과태료를 부과한다(14일 이내 시정 시 과태료 1/2 감액).

명시하지 않은 사항	위반 횟수	
	1차 위반	2차 위반
임금, 근로계약기간, 근로일 및 근로일별 근로시간	서면 명시사항 1개당 50만 원	서면 명시사항 1개당 100만 원
근로시간 · 휴게, 휴일 · 휴가, 취업장소와 종사업무	서면 명시사항 1개당 30만 원	서면 명시사항 1개당 60만 원
※ 기간제 및 단시간근로자 보호 등에 관한 법률 제17조, 동법시행령 별표 3, 근로감독관 집무규정		

3. 임금지급 관련

(1) 최저임금법 적용

일용직, 아르바이트에게도 최저임금법이 적용됨은 당연한 것이므로 2017년 기준 시급 6,470원 이상을 지급해야 한다.

(2) 법정수당과 퇴직금 지급

연장 · 야간 · 휴일근로를 하는 경우에는 그 시간에 대해서는 시급의 50%를 가산한 임금을 지급해야 한다(상시 근로자 5인 미만 사업장 제외). 따라서 시급 6,470원인 근로자가 연장근로 1시간을 한다면 그 시간에 대해서는 6,470원의 150%인 9,705원을 지급해야 한다.

또한, 일용직이나 아르바이트라고 하더라도 1년 이상 계속 근로하고 퇴직하는 경우에는 퇴직금을 지급해야 한다(1주 소정근로시간이 15시간 미만인 경우는 제외). 특히 일용직의 경우 중간에 일부 공백기간이 있더라도 계속근로로 인정될 수 있음에 유의해야 한다.

(3) 정기지급의 원칙 등

시급·일급·주급·월급 등은 자유롭게 정할 수 있으나 임금의 지급주기는 매월 1회 이상 일정한 날짜를 정하여 지급해야 하고, 퇴직일로부터 14일 이내에 일체의 금품을 지급해야 한다.

4. 근로시간 및 휴게

소정근로시간은 1일 8시간, 1주 40시간 이내로 정해야 하며, 연장근로를 하더라도 1주 12시간 이내에서만 가능하다. 또한 근로시간이 4시간인 경우 30분, 8시간인 경우 1시간의 휴게시간을 근로시간 중간에 주어야 한다.

5. 휴일

(1) 1주 소정근로일 개근 시 유급주휴일 부여

일용직, 아르바이트도 1주간 소정근로일을 개근한 경우에는 유급주휴일을 부여해야 한다(1주 소정근로시간이 15시간 미만인 경우는 제외).

유급주휴일이므로 근무하지 않더라도 임금(주휴수당)을 추가로 지급해야 한다. 일용직의 경우 보통 일당제로 임금을 정하므로 1일분 일당이 더 지급될 수 있고, 시급제 아르바이트의 경우에도 1일분 시급이 더 지급되어야 한다.

다만 단시간근로자(파트타임)인 경우 주휴수당은 소정근로시간에 비례하여 지급할 수 있는바(근로기준법시행령 별표 2), 아래의 예시를 참고하면 이해하기 쉬울 것이다.

예) 통상근로자는 1일 8시간, 1주 5일 근무

단시간 근로자는 월 6시간, 화 5시간, 수 4시간, 목 6시간, 금 5시간, 1주 5일 근무

- 4주간 단시간근로자 소정근로시간 = (6시간+5시간+4시간+6시간+5시간)×4주=104시간
- 4주간 통상근로자 총 소정근로일수=5일×4주=20일
- 단시간근로자 1일 소정근로시간수=104시간÷20일=5.2시간

따라서 단시간근로자의 주휴수당은 8시간분이 아닌 5.2시간분 지급

(2) 근로자의 날

근로자의 날(5월 1일)은 '근로자의 날 제정에 관한 법률'에 의해 근로기준법상의 유급휴일로 정해져 있으므로 일용직, 아르바이트라도 유급휴일로 부여해야 한다.

6. 연차휴가

일용직과 아르바이트도 연차휴가가 발생할 수 있다(5인 미만 사업장, 1주 소정근로시간 15시간 미만자 제외). 근속기간이 1년 미만인 근로자가 1개월간 개근한 경우 1일의 연차유급휴가가 발생하고, 1년 동안 근로한 경우 80% 이상을 출근했다면 1개월 개근 시 발생한 휴가를 포함하여 총 15일의 연차휴가가 발생한다. 이렇게 발생한 휴가를 사용하지 못하고 퇴사하는 경우에는 미사용연차수당을 지급해야 한다.

7. 4대 보험 적용

(1) 4대 보험 적용 원칙

4대 보험은 사회보험으로서 법정요건에 해당하는 경우 강제적으로 적용되는 것이므로 당사자 간 적용을 배제하기로 합의하더라도 효력이 없다. 4대 보험 가입대상임에도 불구하고 취득신고를 하지 않는 경우 과태료가 부과됨은 물론, 3년간 보험료를 소급하여 징수될 수 있다.

(2) 산재 · 고용보험

산재보험은 적용제외 업종이 아닌 이상 일용, 아르바이트 등 근로 형태와 무관하게 모두 적용된다.

고용보험은 일반적으로 1개월 소정근로시간이 60시간 미만(1주 15시간 미만)인 경우 적용이 제외되나, 일용근로자의 경우 소정근로시간과 무관하게 무조건 고용보험이 적용된다(법제처 15-0398, 2015. 07. 29.). 1개월 미만 사용하는 일용근로자의 경우에는 다음 달 15일까지 고용센터에 근로내용 확인신고를 해야 하며, 근로내용 확인신고를 통해 국세청에 분기별로 제출하는 일용근로소득 지급명세서 제출을 갈음할 수 있다. 그러나 국세청 일용근로소득 지급명세서 제출로 고용센터 근로내용 확인신고를 갈음할 수는 없다.

(3) 건강보험 · 국민연금

건강보험은 1개월 이상 계속근로하면서 1개월 소정근로시간이 60시간 이상이라면 취득신고를 해야 한다.

국민연금(만 18세 이상~만 60세 미만만 해당)은 근로계약기간이 1개월 이상이고, 고용된 날부터 1개월간 8일 이상 근로하고 근로시간이 월 60시간 이상인 경우 최초 고용된 날부터 사업장 가입자로 적용해야 한다.

일용직, 아르바이트라고 하더라도 거의 대부분 일반근로자와 동일하게 노동법이 적용되거나 오히려 더 엄격하게 적용될 수 있음을 살펴보았다. 따라서 일용직, 아르바이트 노무관리는 간단하고 신경 쓰지 않아도 되는 부분이 아니라 오히려 더 까다롭게 주의를 기울여야 하는 부분임을 명심해야 할 것이다.

경제야 다시 놀자

초판 1쇄 인쇄 2017년 8월 16일
초판 1쇄 발행 2017년 8월 21일

지은이　정현경 외 7인
펴낸이　金泰奉
펴낸곳　한솜미디어
등록　제5-213호

편집　박창서 김수정
마케팅　김명준
홍보　김태일

주소　㈜ 05044 서울시 광진구 아차산로413(구의동 243-22)
전화　02)454-0492(代)
팩스　02)454-0493
이메일　hansom@hansom.co.kr
홈페이지　www.hansom.co.kr

값 13,000원
ISBN 978-89-5959-475-7 (03320)

* 잘못 만들어진 책은 구입하신 서점에서 바꿔드립니다.
* 이 책은 아모레퍼시픽의 아리따 글꼴을 사용하여 편집되었습니다.